JOYCE MEYER

¡Esta BOCA mía!

La solución a sus problemas está en su boca

CASA CREACIÓN
Para vivir la Palabra

Para vivir la Palabra

MANTENGAN LOS OJOS ABIERTOS,
AFÉRRENSE A SUS CONVICCIONES,
ENTRÉGUENSE POR COMPLETO,
PERMANEZCAN FIRMES,
Y AMEN TODO EL TIEMPO.
—1 Corintios 16:13-14 (Biblia El Mensaje)

 ¡Esta boca mía! por Joyce Meyer
Publicado por Casa Creación
Miami, Florida
www.casacreacion.com
©2015 Derechos reservados

Library of Congress Control Number: 2014948853
ISBN: 978-1-62136-958-5
E-book ISBN: 978-1-62998-320-2

Desarrollo editorial: *Grupo Nivel Uno, Inc.*
Adaptación de diseño interior y portada: *Grupo Nivel Uno, Inc.*

Publicado originalmente en inglés bajo el título:
Me and My Big Mouth
Publicado por FaithWords,
una división de Hachette Book Group, Inc. New York, USA
Copyright © 2006 por Joyce Meyer
Todos los derechos reservados.

Visite la página web de la autora: www.joycemeyer.org

Impreso en Colombia

24 25 26 27 28 LBS 9 8 7 6 5 4 3 2 1

Contenido

Introducción

...Pero nosotros tenemos la mente de Cristo (el Mesías)
y los pensamientos (sentimientos y propósitos)
de su corazón.
—1 Corintios 2:16

Como creyentes necesitamos saber qué es el alma y entender su actividad. Tal como la definimos en este estudio, el alma se compone de la mente o intelecto, la voluntad y las emociones. Debido a que está saturada por el "ego" puede y debe ser purificada y sometida al Maestro como su instrumento (2 Timoteo 2:21).

Nuestra boca expresa lo que pensamos, sentimos y queremos. Nuestra mente nos dice lo que pensamos, no necesariamente lo que Dios piensa. Nuestra voluntad nos dice lo que queremos, no lo que Dios quiere. Y nuestras emociones nos dicen lo que sentimos, no lo que Dios siente. Pero cuando nuestra mente es purificada, puede ser entrenada para dar albergue a los pensamientos, deseos y sentimientos de Dios, y llegamos a ser ¡intérpretes del Señor!

La Palabra de Dios nos enseña en 1 de Corintios 2:16, que nos ha sido dada la mente de Cristo, y que albergamos el sentir, los pensamientos y el propósito de su corazón. Los tenemos en nosotros, pero el alma sin crucificar, o no sometida a Dios, los "bloquea" e impide que se hagan realidad en nuestra vida. Existe una lucha continua entre la carne y el espíritu. En conjunto, el cuerpo y el alma, constituyen lo que la Biblia denomina "la carne". Por lo tanto, a través de estas páginas utilizaremos las expresiones "el alma" y "la carne" con el mismo significado.

El hombre y la mujer tienen sus propios pensamientos, pero Dios desea utilizar sus mentes para pensar a través de ellos. El ser humano quiere hacer lo que desea, pero finalmente sus pensamientos llegarán a ser los de Dios si se somete a la dirección y autoridad del Espíritu Santo. El hombre y la mujer viven la vida en gran parte de acuerdo a sus sentimientos, los cuales parecen ser el enemigo número uno del creyente. Los sentimientos se pueden someter a la dirección y autoridad del Espíritu, pero esto implica un proceso que demanda tiempo y diligencia.

Este libro habla de la boca, y como ya dije, la carne o al espíritu se expresan a través de ella. Podemos utilizarla para hablar la Palabra de Dios, o puede ser un instrumento para expresar la obra del diablo. Yo no creo que ningún hijo o hija de Dios quiera ser utilizado como intérprete del diablo, pero la realidad es que muchos lo son.

Proverbios 18:21 declara:

La vida y la muerte están en el poder de la lengua, y cualquiera que es indulgente con ella, comerá de su fruto (de vida o muerte).

En la Biblia no hay otro tema que debamos tomar con tanta seriedad como el del uso de nuestra boca. Se debe a que puede ser utilizada para bendecir o para destruir, no solo nuestras vidas, sino las de muchas otras personas. Se han escrito numerosos y excelentes libros sobre este tema. Debo admitir que cuando Dios comenzó a sembrar en mi corazón el deseo de escribir un libro sobre este tópico, pensé: "¿Para qué? ¿Qué puedo decir que no se haya dicho ya?". Ahora estoy convencida que Dios quería que lo escribiera para que llegue a la vida de quienes lo lean en un momento oportuno.

En este libro le pido al Señor la unción poderosa de su Espíritu para que provea revelación y que produzca convicción y arrepentimiento. Oro para que mientras lo lee se encienda en su alma el nuevo deseo de ser un vocero de Dios.

Capítulo 1

Aprenda a hablar el lenguaje de Dios

Y respondiendo Jesús les dijo:
Tengan fe en Dios (constantemente).
En realidad les digo que cualquiera
que le diga a esta montaña:
Quítate de ahí y arrójate al mar,
y no dude en su corazón, creyendo que
lo que dice ocurrirá, será así.
—Marcos 11:22-23

¿Tiene problemas? La solución está muy cerca. Justamente en su boca.

O por lo menos la mayor parte de las soluciones.

No creo que alguien pueda vivir una vida victoriosa sin estar bien informado en cuanto al poder de las palabras.

Generalmente cuando tenemos montañas en nuestra vida, hablamos *acerca* de ellas, pero la Palabra de Dios nos instruye que les hablemos *a* esas montañas, tal como lo hizo Jesús según lo podemos ver en este pasaje de la Escritura.

¿Habla usted de sus montañas, o les habla a ellas?

Cuando Jesús dijo que le debemos hablar, por fe, a nuestras montañas, ordenándoles que se quiten y se arrojen al mar, hizo una declaración tan radical que vale la pena estudiarla. En primer lugar, ¿qué le decimos a las montañas de nuestras vidas? Es obvio que no les pronunciamos nuestra voluntad o deseo, sino la voluntad de Dios, y su Palabra es su voluntad.

Lucas 4 nos dice que cuando Jesús fue tentado por Satanás en el desierto respondió a cada tentación con la Palabra de Dios. Repetidamente dijo: Escrito *está,* y citó las Escrituras que contrarrestaban las mentiras y el engaño del diablo.

Nosotros tendemos a "probar" haciendo lo mismo durante cierto tiempo, y si no vemos resultados rápidos, cesamos de hablarle la Palabra de Dios a nuestros problemas y comenzamos otra vez a hablar de lo que sentimos, lo cual, probablemente, es lo que de nuevo nos mete en problemas.

Alguien que procura partir una roca tendrá que golpearla con la herramienta 99 veces, y quizá aún no tenga ninguna evidencia de que se va a partir. Y luego, al golpe número 100, la roca se partirá en dos. Cada golpe la debilitó, aunque aparentemente no hubo signos visibles que lo indicaran.

La persistencia es vital para lograr la victoria. Debemos establecer qué es lo que creemos y aferrarnos a ello hasta ver resultados.

La obediencia y el perdón son tan importantes como la fe y la persistencia

Por eso les digo que cualquier cosa que pidan en oración, crean *(tengan la confianza y la certeza)* que se les ha concedido, y la recibirán.

Y cuando estén orando, si tienen algo en contra de alguien, perdónenlo *(consideren el asunto cancelado)*, para que también su Padre que está en los cielos les perdone sus faltas y las considere canceladas.

Porque si ustedes no perdonan, su Padre que está en los cielos tampoco los perdonará.

—MARCOS 11:24-26

Para estar seguros de que somos equilibrados en relación con esta enseñanza, permítame decir que hablar la Palabra de Dios conlleva el poder que es absolutamente necesario para lograr la victoria. Sin embargo, esta no es la única doctrina en la Palabra de Dios.

Por ejemplo, la obediencia es igualmente importante. Si alguna persona piensa que puede vivir en desobediencia y aún así hablar la Palabra de Dios a las montañas y obtener resultados, tristemente se verá frustrada, tal como lo señaló Jesús en este pasaje.

Lo expresado en Marcos 11:22-26 debe ser considerado como un todo. En el versículo 22 Jesús enfatizó que constantemente debemos tener fe en Dios. En el versículo 23 habló de liberar la fe hablándole a las montañas. En el 24 mencionó la oración y la importancia de orar creyendo. En el verso 25 dio el mandamiento de perdonar. En el 26 declara categóricamente que si nosotros no perdonamos las fallas ajenas, nuestro Padre celestial tampoco perdonará nuestras faltas y defectos.

No hay poder y es inútil hablarle a una montaña si en nuestro corazón no perdonamos, lo cual es un problema generalizado entre los hijos e hijas de Dios.

Muchas personas que han aceptado a Cristo como su Salvador personal se engañan, pues tratan de aplicar uno de los principios de Dios, pero ignorando por completo los demás.

La obediencia es el tema central de la Biblia. Pero para muchos de nosotros la vida es un lío debido a la desobediencia. Ésta puede ser el resultado de la ignorancia o la rebeldía, pero el único camino para librarnos de ella es el arrepentimiento y regresar a la sumisión y obediencia a Dios.

No pase por alto los "si" condicionales y los "pero" en la Palabra de Dios.

Si oyeres atentamente la voz del Señor tu Dios, y tuvieres cuidado de guardar todos los mandamientos que yo te doy en el día de hoy, el Señor tu Dios te exaltará sobre todas las naciones de la tierra.

Y todas estas bendiciones vendrán sobre ti y te alcanzarán, si escuchas la voz del Señor tu Dios.

—DEUTERONOMIO 28:1-2

Observe por favor los "si" condicionales de este pasaje. Frecuentemente decidimos ignorar los "si" y los "pero" que se encuentran en la Biblia.

Considere por ejemplo 1 de Corintios 1:9-10:

Fiel es Dios *(confiable, digno de confiar en sus promesas y de depender de él)*; por Él fueron ustedes llamados a la comunión y participación con su Hijo Jesucristo, nuestro Señor.

Pero les ruego hermanos, en el nombre de nuestro Señor Jesucristo, que estén en armonía y de acuerdo en lo que dicen, que no haya entre ustedes disensiones, divisiones o grupos, sino *(pero)* que estén perfectamente unidos en una opinión y un juicio común.

Vemos que Dios es fiel y que descansamos en esa fidelidad honrándolo con la obediencia en nuestras relaciones. Nuestra desobediencia no hace que Dios cambie. Si desobedecemos Él sigue siendo fiel, pero nuestra obediencia abre la puerta de su bendición ya existente, debido a que su bondad fluye sobre nosotros.

Este libro constituiría una tragedia, en mi opinión, si yo enseñara que usted y yo podemos tener lo que decimos, sin dejar en claro que lo que decimos *debe* estar de acuerdo con la Palabra de Dios y con su voluntad.

"Hablarle a nuestras montañas" no es un encantamiento o un acto de magia que realizamos cuando estamos en problemas, o cuando deseamos obtener algo, para luego continuar en nuestra carnalidad y estilo de vida desobediente.

Tan solo niños

Sin embargo, hermanos, yo no pude hablarles como a *(hombres y mujeres)* espirituales, sino como a carnales *(hombres y mujeres en quienes predomina la naturaleza carnal)*, como a niños *(en la nueva vida)* en Cristo (incapaces aún de hablar).

—1 Corintios 3:1

Mientras usted y yo seamos carnales deberíamos orar y esperar que Dios tenga misericordia de nosotros y que *no* obtengamos lo que decimos. Porque con seguridad estaremos diciendo un montón de cosas que son nuestra voluntad y no la de Dios, simplemente porque aún no podemos establecer la diferencia. Como "niños" en Cristo, sencillamente aún no sabemos hablar, tal como lo dice Pablo en este pasaje.

Como los niños deben aprender a hablar el lenguaje de los mayores, así los cristianos deben aprender a hablar el lenguaje de Dios.

Aprenda a hablar el lenguaje de Dios

Porque todo el que se sigue alimentando de leche, obviamente es inexperto en la doctrina de la justicia *(en cuanto a ajustarse a la voluntad divina en propósito, pensamiento y acción)* porque es solo un niño *(incapaz aún de hablar).*

Pero el alimento sólido es para los maduros, para quienes tienen sus sentidos y facultades mentales ejercitados, por la práctica, para discernir y distinguir entre lo que es moralmente bueno y noble, y lo que es perverso y contrario tanto a las leyes humanas como a las divinas.

—HEBREOS 5:13-14

Necesitamos tiempo para aprender la Palabra de Dios y para conocer su corazón. Aunque muchas cosas están claramente definidas en la Palabra, y obviamente su voluntad se expresa en ella, hay otras sobre las cuales debemos decidir, porque no están definidas en blanco y negro. Por eso necesitamos conocer su corazón y ser guiados por su Espíritu.

La Biblia no nos dice qué tipo de automóvil comprar, o cuándo vender nuestra casa vieja y adquirir una nueva, o para cuál empresa trabajar. Si, por ejemplo, trabajamos para una compañía y deseamos un ascenso o promoción en el cargo, ese deseo puede ser la voluntad de Dios para nosotros, pero también podría ser codicia. ¿Cómo podemos saber la diferencia?

El tiempo nos da la respuesta.

Toma tiempo conocer a Dios, conocer nuestros corazones y alcanzar la capacidad de ser totalmente sinceros con nosotros mismos y con el Señor. Toma tiempo conocer nuestras motivaciones internas y determinar si ellas son puras o no.

"Si es tu voluntad"

...Ustedes no tienen, porque no piden. *(O)* piden a Dios *(algo)* y no reciben, porque piden con un propósito erróneo y perverso, con motivaciones egoístas. Su intención es *(cuando reciban lo que desean)* utilizarlo en sus placeres sensuales.

—SANTIAGO 4:2-3

Una vez oí decir que una persona que actúa por fe jamás debería decir en la oración: "Si es tu voluntad". No se dio ninguna otra explicación y yo, como una cristiana joven, tomé tal declaración al pie de la letra.

De la misma manera escuché decir que yo podría tener lo que dijera, pero nadie me dijo que necesitaba madurar. O tal vez alguien lo dijo, pero yo estaba tan llena de mí misma que no lo escuché. El hecho es que estaba completamente desequilibrada en este aspecto. Yo quería ciertas cosas y pensé que había encontrado una nueva manera de lograrlas.

En la Palabra de Dios como hay algunas cosas que son tan claras jamás necesitaremos decir: "Si es tu voluntad".

La salvación es un buen ejemplo.

En 1 Timoteo 2:3-4 la Biblia declara que el deseo de Dios es que todos sean salvos y vengan al conocimiento de la verdad. Por lo tanto, jamás diré en mi oración: "Querido Padre celestial, te pido en el nombre de Jesús que salves a _____ si es tu voluntad", porque de antemano sé que es la voluntad divina salvar a esa persona.

Santiago 4:2 dice que no tenemos porque no pedimos. Y en el versículo 3 dice que a veces pedimos y no recibimos porque pedimos con un propósito erróneo y perverso y con motivaciones egoístas. Comprendo que a veces es difícil creer que esto nos ocurra a nosotros, pero es la realidad. Y es cierto especialmente en el creyente que no ha permitido que el proceso de purificación de Dios se lleve a cabo en su vida. En ese estado, una persona tiene a Dios en su vida pero aún está llena de "egoísmo".

Creo que en esas ocasiones, cuando lo que pedimos no está claramente definido en la Palabra de Dios, y no sabemos con certeza cuál es la voluntad de Dios para dicho asunto, es sabio y un verdadero acto de sumisión decir: "Si es tu voluntad".

Recuerdo una ocasión, hace muchos años, cuando mi esposo Dave y yo disfrutábamos unas vacaciones en un sitio encantador de Georgia. Como estábamos demasiado cansados el Señor nos había permitido tomar un tiempito para recuperar nuestras energías. Estábamos tan encantados con el lugar que comenzamos a hacer planes para un año después tener unas buenas vacaciones con nuestros hijos allí. Teníamos elaborado el plan y hablábamos de él con entusiasmo. Yo comencé a "declarar" (a hacer una confesión o declaración verbal): "Volveremos el año próximo y toda nuestra familia será bendecida disfrutando unas vacaciones en este lugar".

De repente el Espíritu Santo llamó mi atención a lo que dice Santiago 4:15: En *lugar de lo cual deben decir: Si el Señor quiere, viviremos y haremos esto o aquello.* A medida que estudiaba este pasaje noté también lo que dice el versículo 16: *Pero ahora se jactan* (falsamente) *y presumen y se autoengañan. Toda jactancia es mala.*

Hay una diferencia entre fe y confianza, y presunción e insensatez. Si no podamos discernir y comprender esa diferencia, la vida espiritual se convierte en una tragedia en lugar de un triunfo.

Personalmente no siento que mi fe sea débil si al orar digo: "Señor quiero que me des esto que te pido *si* es tu voluntad, *si* encaja en tus planes, *si* es lo mejor que tú tienes para mí, y *si* es el tiempo apropiado; tu tiempo".

Proverbios 3:7 dice: *No seas sabio en tu propia opinión*... Yo he interiorizado este versículo en mi corazón y creo que me ha librado de mucho dolor.

Hubo un tiempo en mi vida cuando pensaba que lo sabía todo, y que si alguien consideraba mi opinión, todo se le solucionaría. Ahora he descubierto que nada sé, por lo menos en comparación con el conocimiento de Dios.

Debemos resistir la tentación de asumir el papel del Espíritu Santo y más bien permitir que sea Dios quien nos guíe.

Equilibrio, sabiduría, prudencia, sentido común y buen juicio.

Todo hombre prudente actúa con sabiduría, pero el necio *(que confía en su propio criterio)* se expone y revela su necedad.

—PROVERBIOS 13:16

Basada en mis 20 años de experiencia y observación en la vida cristiana, me parece que los maestros y las personas en general, tienen dificultad para mantener su equilibrio. La doctrina concerniente al poder de las palabras, a la boca, a la confesión, al llamar las cosas que no son como si fueran y ordenar que las cosas se hagan realidad, son un ejemplo, porque en esto he visto a muchas personas que se van a los extremos. Parece que la carne quiere vivir siempre en la cuneta, ya sea a un lado o al otro de la vía, y tiene dificultad para mantenerse en el centro, en medio de las dos líneas de seguridad.

> Sean equilibrados *(moderados, mentalmente sobrios)*, manténganse vigilantes y sean cautelosos en todo momento, porque su adversario el diablo, como león rugiente *(hambriento y feroz)* anda entre ustedes buscando a quien atrapar y devorar.
>
> —1 PEDRO 5:8

En realidad los extremos son el campo de operación del diablo. Si él no puede lograr que el creyente ignore totalmente una verdad y viva engañado, su táctica siguiente es hacer que pierda el equilibrio sobre dicha verdad, pues así no será mejor de lo que fue. A veces aun llega a ser peor de lo que fue antes de conocerla.

La sabiduría es un tema central en la Palabra de Dios. De hecho, sin ella no podemos lograr una verdadera victoria.

Según el diccionario Webster's II New College, define la *sabiduría* como: 1) Comprensión de lo que es cierto, recto o duradero. 2) Buen juicio, sentido común. A través de los años me he relacionado con muchas personas: laicos y ministros de tiempo completo, quienes sencillamente no tenían sentido común.

La sabiduría no se inclina por los extremos. Proverbios 1:1-4 dice que la sabiduría está llena de prudencia, y la prudencia equivale a buen manejo de las cosas.

Este mismo diccionario define la *prudencia* como: "Manejo cuidadoso: ECONOMÍA". Y define el adjetivo *prudente* como: "Que utiliza buen juicio o el sentido común en el manejo de los asuntos prácticos". Podríamos afirmar que la sabiduría es una combinación de equilibrio, sentido común y buen juicio.

Un maestro de la Palabra de Dios debe que ser responsable, explicar y hacerse entender para estar suficientemente seguro de que los creyentes de todos los niveles de la madurez espiritual, comprenden lo que enseña. La declaración categórica de que "usted puede tener lo que diga", sin ninguna otra explicación, es peligrosa para los cristianos inmaduros.

Creo que como maestros llamados a entrenar y edificar a los hijos de Dios, tenemos la responsabilidad de comprender que no todo el que nos escucha entiende que el sentido de esa declaración es que puede tener lo que diga *si* lo que dice está de acuerdo con la Palabra de Dios y con la voluntad divina para él o para ella en ese momento particular de su vida.

Las personas carnales escuchan todos los mensajes y todas las enseñanzas con "oído carnal". Pero a medida que crecen y maduran espiritualmente, pueden escuchar el mismo mensaje y "oír" algo totalmente diferente a lo que oyeron la primera vez. Probablemente el mensaje no contenía en principio ningún error, pero una corta explicación adicional hubiera evitado que el cristiano "bebé" viviera unos años en la cuneta, antes de aprender a caminar por el centro de la vía.

La mayoría de los maestros bíblicos tienen una "inclinación" particular por lo que enseñan. Y están en su derecho. Es el resultado del llamado de Dios para sus vidas. Algunos han sido llamados al ministerio de la exhortación y a mantener a los hijos de Dios animados, para que sean celosos y sigan adelante. Otros han sido llamados a enseñar y estimular la fe, otros tienen el mensaje de la prosperidad. Hay quienes han sido llamados a enseñar de manera exclusiva sobre finanzas, y muchos otros son llamados a enseñar y manifestar la sanidad divina.

He descubierto que muchos de ellos están tan llenos de lo que Dios les ha encomendado hacer, que por el descuido pierden el equilibrio. Pueden comenzar a actuar como si lo que ellos enseñan fuera lo único importante en la Biblia. Quizá esa actitud no sea intencional. De todos modos pienso que es nuestra responsabilidad asegurarnos de que presentamos la enseñanza de manera balanceada, es decir, teniendo en mente a los "bebés en Cristo", pues solo saben lo que les enseñamos y nada más.

Creo firmemente en el poder de la confesión o la declaración verbal; creo que debemos hablarle a nuestras montañas, y creo que en muchas, por no decir que en la mayoría de las circunstancias, la respuesta a nuestros problemas está, definitivamente, bajo nuestra nariz, es decir, en nuestra boca. Pero también creo firmemente en la madurez del creyente, en la crucifixión de la naturaleza carnal, en hacer morir el ego, y en la necesidad de la obediencia y la sumisión al Espíritu Santo.

En otras palabras, no estoy procurando enseñarle algo para ayudarle a salir de un problema o para que consiga lo que quiera. Tengo la esperanza de que puedo enseñarle a cooperar con el Espíritu Santo para que la voluntad de Dios se realice en su vida.

Capítulo 2

El efecto de las palabras en el mundo natural

...si tienen el conocimiento y confiesan con su boca que
Jesús es el Señor, y creen en su corazón
(se adhieren, confían, y descansan en la verdad)
que Dios lo levantó de los muertos, serán salvos.
Porque con el corazón es que una persona cree
(se adhiere, confía y descansa en Cristo)
y es justificada *(declarada justa y aceptada por Dios)*,
y con la boca confiesa *(declara abiertamente y habla
con libertad de su fe)* y confirma su salvación.
—Romanos 10:9-10

E n este pasaje el apóstol Pablo establece una verdad espiritual que se aplica a la salvación, pero yo creo que a otros asuntos y otras áreas de la vida cristiana.

La confesión o declaración de lo que una persona cree, confirma su salvación ante los hombres, no ante Dios. Porque Él conoce de antemano lo que hay en su corazón.

La confesión confirma la posición del creyente ante el enemigo de su alma. Expresa un cambio de lealtades.

Anteriormente había servido al diablo, pero ahora está manifestando que cambia de Señor.

El erudito bíblico W. E. Vine, define dos palabras griegas traducidas como *confirmar*, así: "Hacer firme, establecer, asegurar", y "validar, ratificar, conceder autoridad o influencia". La palabra griega traducida como *confirmación*, la define como "validez autorizada".

Basados en estas definiciones podemos decir que la confesión o declaración verbal, afirma, establece, asegura, ratifica, y otorga autorizada validez a la salvación.

En otras palabras, la confesión "ubica la salvación en su lugar".

Proclame el decreto

> Yo proclamaré el decreto del Señor: Él me dijo, tú eres mi Hijo; hoy *(proclamo)* yo te he engendrado.
>
> —SALMO 2:7

Una vez vi una película en la cual un rey proclamó un decreto. Escribió la ley o mandato y luego envió mensajeros a caballo por todo su reino para que "proclamaran el decreto" a sus súbditos.

En las Escrituras también vemos la proclamación de un decreto real similar: Ester 8:8-14, en el Antiguo Testamento y, Lucas 2:1-3, en el Nuevo Testamento.

En el Salmo 2:7 el autor escribió que "proclamaría el decreto del Señor". ¿Cuál decreto? El decreto en el cual el Señor declara que Él, (Jesús) es su único Hijo (Hebreos 1:1-5).

La Palabra escrita de Dios es su decreto formal. Cuando un creyente proclama esa Palabra con su boca, con su corazón inundado por la fe, sus palabras llenas de fe se vuelven poderosas y establecen el orden de Dios en su vida.

¡Cuando se proclama el Decreto Real, las cosas comien-
zan a cambiar!

Podemos optar por el plan de Dios

Porque tú creaste mis entrañas; me diste forma en el
vientre de mi madre. Te alabo porque eres maravilloso. Mi nacimiento y
tus obras también son maravillosas. Y esto yo lo sé muy
bien. Mis huesos no te fueron desconocidos cuando
fui formado en secreto, curiosamente adornado *(como
entretejiendo colores)* en las profundidades de la tierra
(la región de las tinieblas y el misterio).
Tus ojos vieron mi cuerpo en formación, y tenías en
tu libro registro de todos los días de mi vida, aunque
ni uno de ellos existía todavía.

—Salmo 139:13-16

El plan de Dios para nuestras vidas fue establecido en el
mundo espiritual antes de la fundación de la tierra, y es un
plan bueno, tal como lo expresa Jeremías 29:11: *Porque yo
sé los pensamientos y los planes que tengo para ustedes, dice
el Señor, de bienestar y de paz, no de mal, para darles un
futuro y una esperanza.*

Satanás se ha esforzado para destruir el plan del Señor en la
mayoría de nuestras vidas, y ha tenido un alto nivel de éxito.

Dios envió a su propio Hijo Jesús para redimirnos y restaurar todas las cosas en su lugar apropiado. Nos ha dado
por escrito su voluntad para nuestras vidas, y a medida que
la creemos y la confesamos, comienza a hacerse realidad
literalmente.

Algunas personas piden y creen que recibirán muchas cosas,
pero ven poca evidencia de ellas. Quizá la razón sea que

están creyendo pero no confesando que las tendrán. Quizá vean algunos efectos de su fe, pero no los resultados radicales que pudieran experimentar si pusieran sus bocas, igual que sus corazones, al servicio de Dios (Romanos 10:9-10).

Algunos procuran lograr las bendiciones del Señor hablando aún como el diablo.

No debemos cometer tal error.

No veremos resultados positivos en nuestra vida diaria si hablamos de manera negativa. Debemos recordar que nuestras palabras se hacen realidad. Vamos tras el reino espiritual y nos acercamos a él de acuerdo a lo que hablamos. Podemos tocar el reino de Satanás, con sus maldiciones, y acercarnos al mal y a las cosas negativas y perversas, o podemos tocar el reino de Dios, con sus bendiciones, y acercarnos a lo bueno y positivo.

¡La decisión es nuestra!

Creado y sustentado por la Palabra de Dios

Por fe entendemos que *(durante edades sucesivas)* fue formado el mundo *(forjado, ordenado y equipado de acuerdo al propósito para el cual fue creado)* por la palabra de Dios, de manera que observamos no fue hecho de cosas visibles.

—Hebreos 11:3

La tierra que Dios creó no fue hecha de materia visible. Tal como dice Génesis capítulo 1, Dios habló y todo comenzó a existir: la luz, los cielos, la tierra, la vegetación, las plantas que dan semilla y los árboles que producen fruto; el sol, la luna y las estrellas; los peces y las aves; cada especie viviente: el ganado, los reptiles, las bestias salvajes y los animales domésticos. La tierra y todo lo que en ella existe fue creado de lo invisible y es lo invisible lo que los sustenta.

En Hebreos 1:3 leemos que *Dios es... sustentador, guarda, guía e impulsor del universo por el poder de su palabra...* El universo que fue creado por su palabra poderosa aún se sostiene por ella.

Quizá usted me dirá: "De acuerdo, Joyce, pero Él es Dios". Pues debemos recordar que fuimos creados a su imagen (Génesis 1:26-27), y que se espera que actuemos como Él.

Haga lo que Dios hace...

Por lo tanto, sean imitadores de Dios *(copien y sigan su ejemplo)* como hijos amados *(que imitan a su padre)*.

—EFESIOS 5:1

En este pasaje Pablo declara que debemos imitar a Dios y seguir su ejemplo. En Romanos 4: 17 leemos que Dios... *da vida a los muertos y habla de cosas no existentes (que Él ha predicho y prometido) como si (ya) existieran.*

Como la Palabra de Dios es su promesa para nosotros, debemos hablar de las cosas que Él nos ha prometido como si (ya) existieran.

No queremos olvidar el equilibrio, así que permítame darle un ejemplo:

Digamos que evidentemente una persona está enferma. Tose y está afónica. Sus ojos y nariz están rojos y húmedos, luce y se siente muy cansada y agotada. Un amigo le pregunta: ¿Estás enfermo? ¿Qué respuesta apropiada podría darle, que exprese su fe, pero que a la vez sea sincera y cortés con su amigo? Pienso que en parte la respuesta depende del nivel espiritual del amigo.

...Pero háganlo con sabiduría

Porque aunque soy libre en todo sentido del control humano, me he hecho siervo de todos para ver si puedo ganar al mayor número *(para Cristo)*.

Me volví judío, entre los judíos, para ver si puedo ganarlos; pretendí estar sometido a la ley, sin estarlo, entre los que se someten a la ley, a fin de procurar ganarlos.

Entre los que no tienen ley *(o están fuera de ella)* hice como si no tuviera ley, aunque guardo *(con cuidado)* la ley de Dios y estoy comprometido con la ley de Cristo, para procurar ganar a los que viven sin ley.

Con los débiles *(que les falta discernimiento)* me he hecho débil *(como si no tuviera discernimiento)* por ver si puedo ganar a los débiles y automoralistas. Me he hecho de todo a todos, para ver si por todos los medios *(a cualquier costo y de cualquier manera)*, salvo a algunos *(ganándolos para Zafe que es en Cristo Jesús)*.

—1 Corintios 9:19-22

El apóstol Pablo dijo que se juntó con las personas en los lugares donde estaban y en la situación en que se encontraban, a fin de ganarlos para Cristo. Además, cuando nos pide que imitemos a Dios también nos dice que lo imitemos a él: Imítenme (sigan mi ejemplo) así como yo imito y sigo a Cristo (el Mesías) (1 Corintios 11:1). Esto es especialmente importante cuando tratamos con personas que carecen de conocimiento y comprensión espiritual.

Si el amigo que averigua por el estado de salud, no es cristiano, la respuesta debe diferir de la que se da a uno que sí lo es.

Por ejemplo, si yo fuera la persona enferma y se me preguntara por mi estado de salud, diría: "No me siento bien, pero confío en Dios que mejoraré". O tal vez: "Mi cuerpo está siendo atacado, pero le estoy pidiendo a Dios que me sane". Con frecuencia los cristianos bien intencionados, pero demasiado celosos, que no usan el sentido común, han afectado negativamente a otras personas que los ven como seres extraños, venidos del espacio exterior.

No olvidemos que nosotros los cristianos hablamos un lenguaje que el mundo no entiende. No sería conveniente decirle, por ejemplo, a un no creyente: "¡Bueno, bendito el Señor, el diablo pensará que me enfermó, pero yo no le recibo la enfermedad, porque he sido sanado por las heridas de Cristo!". Esta forma de hablar no muestra amor o consideración por la persona que pregunta, especialmente si sabemos que él o ella no comprenden lo que les decimos.

La gente ha utilizado ese tipo de lenguaje conmigo, y aunque yo *sé* de qué hablan, siempre lo siento como una cachetada en mi cara. Generalmente estas personas son muy ásperas en su actitud y sus modales. Se obsesionan tanto por la sanidad que son insensibles al Espíritu Santo. No se detienen a considerar cómo sus palabras pueden afectar a quienes sólo están procurando mostrar amor a través de su preocupación e interés por su salud.

Aun entre creyentes, que nos entendemos unos a otros, podemos actuar "no estando de acuerdo con la enfermedad", pero sin ser ásperos.

Muchas personas que creen actuar en niveles muy altos de fe, no muestran ningún fruto del Espíritu (Gálatas 5:22-23), especialmente el fruto del amor, *el camino más excelente*, del cual nos dice el apóstol Pablo que *no se irrita ni hace nada indebido* (1 de Corintios 13:5).

Debido a que la fe actúa por el amor, según Gálatas 5:6, dudo que mi fe produzca resultados y que pueda recibir mi sanidad si soy descomedida con otros.

La gente no tiene la intención de ser descortés, sencillamente han perdido el equilibrio. Piensan que si admiten estar enfermos, están haciendo una confesión negativa. Si están enfermos y ese hecho es obvio ante todos, ¿por qué razón negarlo?

La verdad es que Jesús es nuestro Sanador, y la verdad tiene más poder que los hechos.

Mi vida era confusa como resultado de haber sufrido abuso la mayor parte de ella. El asunto ahora es que soy sana por el poder de la Palabra de Dios y del Espíritu Santo. No tuve que negar en dónde estaba para llegar a donde estoy ahora. Tuve que descubrir cómo hablar de mis circunstancias de manera positiva, y permitir que mi conversación se llenara con esperanza en lugar de desesperanza, y con fe en lugar de la duda.

Como imitadores de Dios debemos hacer lo que Él hace: hablar de *las cosas que no son como si fueran* (Romanos 4:17).

Podemos hacerlo sin ofender a las personas que quizá no lo comprenden. Podemos "proclamar el decreto" en privado; luego, cuando alguien nos haga preguntas, con seguridad encontraremos la manera de continuar siendo positivos sin que la persona piense que los cristianos son seres raros del espacio exterior, cuyas creencias son todas extrañas.

Las personas no espirituales necesitan recibir enseñanza, y nosotros también.

El apóstol Pablo lo entendió así. Eso es lo que quiso decir cuando le escribió a la iglesia de Corinto: *Pero el hombre natural, no espiritual rehúsa, a aceptar, recibir o admitir en su corazón los dones, enseñanzas y revelaciones del*

Espíritu de Dios porque le son locura (tonterías sin sentido); *y es incapaz de conocerlos* (reconocerlos y comprenderlos progresivamente, y llegar a familiarizarse con ellos) *porque se deben discernir y apreciar espiritualmente* (1 Corintios 2:14).

En un pasaje posterior, Pablo le continúa diciendo a los Colosenses: *Compórtense con sabiduría* (vivan prudente y discretamente) *en sus relaciones* con *los de afuera* (los no cristianos)..., *Que sus palabras sean siempre* con *gracia* (agradables y con simpatía) *sazonadas* (como) con *sal, que sepan responder a cualquiera* (que los interrogue) (Colosenses 4:5-6).

En otras palabras Pablo les dice a los creyentes de su época, y a nosotros: "Cuiden la forma cómo hablan a quienes no están en su nivel espiritual. Sean sabios y usen el sentido común. En esto déjense guiar por el Espíritu Santo".

Capítulo 3

Llamar las cosas que no son, como si fueran

Dios… llama las cosas que no son como si fueran.
—Romanos 4:17

E n mi opinión, uno de los grandes privilegios que tenemos como hijos de Dios es penetrar, tocar o alcanzar ese ámbito o esfera en donde Dios… *llama las cosas que no son como si fueran.*

También, debemos dejar claramente establecido, que esta práctica puede obrar en contra nuestra cuando llamamos las cosas que no son la voluntad de Dios, sino de nuestro adversario el diablo. De hecho el mundo parece adicto a llamar el desastre.

Por ejemplo: una persona estornuda y dice: "Probablemente voy a coger ese resfriado que anda por ahí". O un individuo escucha el rumor de que la compañía para la cual trabaja va a despedir algunos empleados y dice: "Con seguridad perderé mi empleo. Esa es la historia de mi vida. Cuando las cosas comienzan a mejorar, siempre ocurre algo".

Estas personas también están tocando el mundo espiritual (el mundo invisible) y llamando las cosas que todavía no son, como si ya fueran. Temen lo que aún no ha ocurrido, y con su fe negativa están expresando las palabras que moldearán su futuro.

Mantenga una lista de confesiones

Creí *(confié, dependí, y me agarré de mi Dios)* y por lo tanto hablé…

—SALMO 116:10

Le recomiendo hacer una lista de confesiones o declaraciones, expresiones que puedan ser sustentadas con la Palabra de Dios, que pueda pronunciar en voz alta, y que se relacionen con su vida, su familia y su futuro.

Cuando comencé a aprender los principios que comparto con usted en este libro, yo era terriblemente negativa. Era una cristiana muy activa en el trabajo de la iglesia. Mi esposo y yo diezmábamos y asistíamos regularmente, pero no sabíamos qué podíamos hacer en relación con nuestras circunstancias.

El Señor comenzó a enseñarme que yo no debía pensar ni decir cosas negativas. Sentí que Dios me decía que Él no podría obrar en mi vida hasta que dejara de ser negativa. Le obedecí y como resultado fui más feliz. Es que una persona negativa no puede ser feliz.

Después de cierto período de tiempo, sentí que mis circunstancias no eran realmente diferentes. Oré al Señor al respecto y Él me dijo: "Tú dejaste de ser negativa, pero no estás diciendo nada positivo". Esa fue mi primera lección en cuanto a *llamar las cosas que no son, como si fueran.* Como nadie me había enseñado esto, Dios mismo lo estaba haciendo, y resultó ser uno de los mayores descubrimientos de mi vida.

Hice una lista de asuntos que había aprendido, y que ya eran legalmente míos, según la Palabra de Dios. Tenía porciones bíblicas para sustentarlas. Durante aproximadamente seis meses, dos veces al día, confesé o proclamé estas verdades en voz alta. Lo hice en mi casa y sin hablarle a ningún ser humano, porque sencillamente estaba proclamando la Palabra de Dios.

Estaba "¡proclamando el decreto!".

Me gustaría compartir algunas de las declaraciones que tengo en mi lista, aunque de todos modos usted debe hacer su propia tarea elaborando una lista personal que esté de acuerdo con su situación:

"Soy una nueva criatura en Cristo: las cosas viejas pasaron; he aquí todas son hechas nuevas" (2 Corintios 5:17).

"He muerto y he resucitado con Cristo, y estoy sentado en lugares celestiales" (Efesios 2:5-6).

"He muerto al pecado y vivo para la justicia" (Romanos 6:11).

"He sido liberado. Soy libre para amar, adorar y confiar, sin temor al rechazo o a ser herido" (Juan 8:36; Romanos 8:1).

"¡Soy un creyente, no alguien que duda!" (Marcos 5:36).

"Conozco la voz de Dios y siempre obedezco lo que Él me dice" (Juan 10:3-5, 14-16, 27; 14:15).

"Me encanta orar, alabar y adorar a Dios" (1 Tesalonicenses 5:17; Salmo 34:1).

"El amor de Dios ha sido derramado en mi corazón por el Espíritu Santo" (Romanos 5:5).

"Me humillo ante Dios y Él me exalta" (1 Pedro 5:6).

"Soy creativa porque el Espíritu Santo vive en mí" (Juan 14:26; 1 Corintios 6:19).

"Amo a todo el mundo, y todo el mundo me ama" (1 Juan 3:14).

"Yo ejercito los dones del Espíritu Santo, los cuales son: lenguas e interpretación de lenguas, realización de milagros, discernimiento de espíritus, palabra de fe, palabra de ciencia, palabra de sabiduría, sanidades y profecías" (1 Corintios 12:8-10).

"Tengo un espíritu apto para enseñar" (2 Timoteo 2:24).

"Oraré y estudiaré la Palabra de Dios" (2 Timoteo 2:15; Lucas 18:1).

"Nunca me cansaré ni me fatigaré cuando estudie la Palabra de Dios, ore, ministre, o busque a Dios; estaré alerta y llena de energía. Y a medida que estudio estaré más alerta y con mayor energía" (2 Tesalonicenses 3:13; Isaías 40:31).

"Obedezco la Palabra y medito en ella todo el día" (Santiago 1:22; Salmo 1:2).

"Estoy ungida por Dios para el ministerio ¡Aleluya!" (Lucas 4:18).

"El trabajo es bueno. Yo lo disfruto. ¡Gloria a Dios!" (Eclesiastés 5:19).

"Hago todo mi trabajo con excelencia y mucha prudencia, utilizando al máximo mi tiempo" (Eclesiastés 9:10; Proverbios 22:29; Efesios 5:15-16).

"Soy una maestra de la Palabra" (Mateo 28:19-20; Romanos 12:7).

"Me encanta ser de bendición para la gente y difundir el Evangelio" (Mateo 28:19-20).

"Tengo compasión y comprensión para toda la gente" (1 Pedro 3:8).

"Pongo mis manos sobre los enfermos, y éstos se sanan" (Marcos 16:18).

"Soy una persona responsable. Disfruto las responsabilidades y las asumo en Cristo Jesús" (2 Corintios 11:28; Filipenses 4:13).

"No juzgo con carnalidad a mis hermanos y hermanas en Cristo Jesús. Como soy una mujer espiritual no soy juzgada por nadie" (Juan 8:15; Romanos 14:10; 1 Corintios 2:15).

"No odio, todo lo contrario, perdono" (1 Juan 2: 11; Efesios 4:32).

"Echo toda mi ansiedad sobre el Señor, porque Él tiene cuidado de mí" (1 Pedro 5:7).

"No tengo espíritu de temor, sino de poder, de amor y de dominio propio" (2 Timoteo 1:7).

"No le temo al hombre ni a su ira" (Jeremías 1:8).

"No tengo temor, ni siento culpa o condenación" (1 Juan 4:18; Romanos 8:1).

"No soy pasiva en ningún asunto, y enfrento de inmediato todas las cosas en mi vida" (Proverbios 27:23; Efesios 5:15-16).

"Someto todo pensamiento a la obediencia de Cristo Jesús; destruyo toda fortaleza y derribo todo argumento y toda altivez que se levanta contra el conocimiento de Dios" (2 Corintios 10:5).

"Ando en el Espíritu todo el tiempo" (Gálatas 5:16).

"No le doy al diablo lugar en mi vida. Lo resisto y tiene que huir de mí" (Efesios 4:27; Santiago 4:7).

"Conozco al diablo y sus mentiras. Lo echo fuera y decido creer la Palabra de Dios" (Juan 8:44; 2 Corintios 2:11).

"Ninguna arma forjada contra mí prosperará, y condenaré toda lengua que se levante contra mí en juicio. Demostraré que está equivocada" (Isaías 54: 17).

"Como un hombre es en su corazón, así es él. Por lo tanto, todos mis pensamientos son positivos. No le permitiré al diablo usar mi espíritu como un recipiente de basuras meditando en las cosas negativas que él me ofrece" (Proverbios 23:7).

"No tengo de mí un concepto más alto del que debo tener" (Romanos 12:3).

"Soy pronta para oír, tarda para hablar y lenta para enojarme" (Santiago 1:19).

"Dios abre mi boca y ningún hombre la puede cerrar. Dios la cierra y nadie la puede abrir" (Apocalipsis 3:7).

"Yo no hablo cosas negativas" (Efesios 4:29).

"He hecho el propósito de que mi boca no hablará transgresiones, sino de la justicia y de la alabanza a Dios todo el día" (Salmo 17:3; 35:28).

"Soy una intercesora" (1 Timoteo 2:1).

"Abro mi boca con sabiduría, y la ley de clemencia está en mi lengua" (Proverbios 31:26).

"Yo hago lo que digo, y llego a tiempo a donde voy" (Lucas 16:10; 2 Pedro 3:14).

"Nunca ato a un hermano o hermana con las palabras de mi boca" (Mateo 18:18).

"Yo siempre ánimo. Yo construyo y edifico. Jamás derribo o destruyo" (Romanos 15:2).

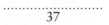

"Clamo al Altísimo quien me defiende y me recompensa" (2 Crónicas 16:9).

"Cuido mi cuerpo. Como lo apropiado, luzco bien, me siento bien, y mi peso es el que Dios quiere que tenga" (1 Corintios 9:27; 1 Timoteo 4:8).

"Echo fuera los demonios; nada mortífero puede hacerme daño" (Marcos 16:17-18).

"El dolor no me puede agobiar porque Jesús sufrió todos mis dolores" (Isaías 53:3-4).

"No me apuro ni actúo con precipitación. Hago las cosas una por una" (Proverbios 19:2; 21:5).

"Utilizo mi tiempo de oración y estudio sabiamente" (Efesios 5:15-16).

"Soy una esposa obediente y no hay rebelión en mí" (Efesios 5:22-24; 1 Samuel 15:23).

"Mi esposo es sabio. Él es el rey y sacerdote de mi hogar. Él toma buenas decisiones" (Proverbios 31:10-12; Apocalipsis 1:6; Proverbios 21:1)

"Los miembros de mi familia son bendecidos en todos sus asuntos. Somos bendecidos al salir y al entrar" (Deuteronomio 28:6).

"A mis hijos les gusta orar y estudiar la Palabra. Ellos alaban a Dios con franqueza y decisión" (2 Timoteo 2:15).

"Mis hijos deciden correctamente de acuerdo a la Palabra de Dios" (Salmos 119:130; Isaías 54:13).

"Todos mis hijos tienen muchos amigos cristianos, y Dios ha preparado un esposo o esposa cristiana para cada uno de ellos" (Proverbios 18:22).

"Mi hijo David tiene una personalidad dulce y no es rebelde" (Efesios 6:1-3).

"Mi hija Laura actúa con sabiduría y disciplina, y está llena de energía" (Proverbios 16:16).

"Soy una persona que da. Hay mayor bendición en dar que recibir. ¡Me encanta dar! Tengo suficiente dinero para dar todo el tiempo" (Hechos 20:35; 2 Corintios 9:7-8).

"Todos los días, personalmente, por teléfono o correo, recibo invitaciones para enseñar" (Apocalipsis 3:7-8).

"Soy una mujer muy próspera. Todas las cosas en las cuales pongo mis manos, o me ocupo, prosperan. Todas las áreas de mi vida prosperan: la espiritual, mental, financiera y social" (Génesis 39:3; Josué 1:8; 3 Juan 2).

"He pagado todo lo que poseo. No le debo a nadie nada, excepto el debido amor en Cristo" (Romanos 13:8).

¿Podemos confesar o declarar cosas para las cuales no tenemos un versículo bíblico?

Sí. Yo creo que sí, en la medida en que razonablemente y con seguridad proclamemos la voluntad de Dios para nuestra vida, y no solamente algo que deseamos.

Nuestro líder de alabanza ha estado con nosotros durante muchos años. Dios puso en su corazón el sentir de que guiaría la adoración en nuestro ministerio, mucho antes de que lo comenzáramos. Afirma que Dios mantuvo ese deseo en su corazón y finalmente le dijo que debía expresarlo.

Él hizo tal como Dios lo dijo aunque se sintió tonto obedeciéndole. Declaró en voz alta: "Yo seré el director de adoración y alabanza en el "Ministerio Vida en la Palabra" (hoy día "Disfrutando la vida diaria").

Lo que él confesó en ese momento ocurrió tiempo después. Lo contratamos como nuestro director de adoración aunque no tenía ninguna experiencia previa en esa función. Él era un destacado músico en el mundo, pero ahora el Señor quería utilizarlo en su Reino. Estaba a punto de entrar en el plan original de Dios para su vida, pero expresar su fe de manera verbal fue un paso importante para que se realizara.

Leí las confesiones de mi lista durante seis meses y en ese período llegaron a ser una parte de mí misma. Hoy, casi 20 años después, cuando oro y confieso la Palabra, aún me escucho repitiendo muchas de estas declaraciones.

En el Antiguo Testamento el Señor le ordenó a Josué meditar en su Palabra "día y noche" (Josué 1:8). En el Salmo 119:148 el salmista cuenta que él meditaba constantemente en la Palabra de Dios. En el Salmo 1:2 leemos acerca del hombre justo:... *en la ley del Señor está su delicia y en su ley* (los preceptos, las instrucciones y las enseñanzas de Dios) *medita* (estudia y considera) *habitualmente de día y de noche*.

Parte de la meditación es primero musitar, conversar en voz alta con uno mismo ó segundo declarar algo. Confesar o declarar la Palabra de Dios nos ayuda a grabarla en el corazón.

Ahora, cuando le doy una mirada a mi lista de confesiones, me asombro de tantas cosas que escribí en ella y cómo se han convertido en realidad; cuán imposibles parecían en el orden natural de las cosas en ese tiempo.

Abraham y Sara

Y tu nombre ya no será Abram (padre enaltecido), sino Abraham *(padre de multitudes)*, porque te he hecho padre de muchas naciones.

Y le dijo Dios a Abraham: En cuanto a Saraí tu mujer, no la llamarás más Saraí, sino que su nombre será Sara *(Princesa)*, y la bendeciré y te daré un hijo de ella. Sí, la bendeciré y será madre de naciones; reyes de naciones descenderán de ella.

—Génesis 17:5, 15-16

Abraham y Sara no siempre fueron conocidos por esos nombres; hubo un tiempo cuando se llamaron Abram y Saraí. No tenían hijos, y eran ya entrados en años, pero Dios les prometió un hijo propio, que saldría de sus cuerpos.

¡Esto exigía un milagro!

Al parecer Dios les cambió sus nombres porque Abram y Saraí necesitaban renovar la imagen de sí mismos antes de que pudiera ocurrir el milagro. Sus nuevos nombres tenían un significado especial. Cada vez que eran mencionados se profetizaba su futuro: Abraham sería el padre de una multitud y Sara la madre de muchas naciones.

Yo dudo que la estéril Saraí se viera a sí misma como una princesa. Ella necesitaba verse a sí misma de manera diferente, y tener un nombre nuevo era parte importante de esa nueva autoimagen.

Ahora se hablaba correctamente de Abram y Saraí. Se estaban vertiendo a la atmósfera *palabras* que alcanzaban y tenían efecto en el reino del Espíritu, donde se hallaba su milagro. Esas palabras comenzaron a hacer realidad el milagro prometido por Dios. Ahora las palabras en la tierra coincidían con la Palabra que Dios había hablado en Génesis 15.

Abraham le creyó a Dios

> Después de estas cosas vino la palabra de Dios a Abram en visión, diciendo: Abram, no temas, yo soy tu escudo, tu compensación y tu recompensa serán supremamente grandes.
>
> Y Abram dijo: Señor Dios, ¿qué me darás siendo que no tengo hijo, y el heredero de mi casa será este *(mayordomo)* Y Abram continuó: Mira, no me has dado hijo, y un siervo, nacido en mi casa, será mi heredero.
>
> Y la palabra del Señor vino a él diciendo: Este no será tu heredero, sino alguien que saldrá de tu propio cuerpo. Y lo llevó afuera *(su tienda estaba bajo las estrellas)* y le dijo: Mira hacia el cielo y cuenta las estrellas; si puedes contarlas. Y le dijo: Así serán tus descendientes.
>
> Y El *(Abram)* creyó *(confió, dependió y permaneció firme)* en el Señor, y se le contó por justicia *(recta relación con Dios).*
>
> —Génesis 15:1-6

Vemos aquí que cuando Dios le dijo a Abram que tendría un hijo, que saldría de sí mismo, mediante el cual se convertiría en padre de muchas naciones, *él le creyó a Dios.*

En Romanos 4:18-21, leemos:

Cuando *(humanamente para Abraham)* se había acabado toda esperanza, tuvo fe que se convertiría en padre de muchas naciones, como se le había prometido; así *(de numerosa)* será tu descendencia. Su fe no se debilitó cuando consideró la impotencia de su cuerpo, como muerto, pues ya casi tenía 100 años, o *(cuando consideró)* la esterilidad de la matriz de Sara. Ni la incredulidad o la desconfianza lo hicieron dudar o vacilar *(con interrogantes de duda)* acerca de la promesa de Dios, sino que se fortaleció en fe a medida que le daba gloria a Dios plenamente satisfecho y seguro de que Dios era poderoso y capaz de cumplir Su palabra, y de hacer lo que había prometido.

Como ocurrió con Abraham, jamás recibiremos un milagro a menos que creamos que Dios puede hacer lo imposible, y que Él lo hará por nosotros.

En el caso de Abraham el milagro no ocurrió inmediatamente. Pasaron muchos años entre el momento cuando Dios le dijo que sería padre de muchas naciones y el nacimiento de su hijo Isaac.

Pienso que es importante resaltar cómo Abraham y Sara no sólo le creyeron a Dios, sino que sus palabras liberaron la fe.

La versión Ampliada de la Biblia dice en Romanos 4:17 que nosotros le servimos a un Dios que… *habla de cosas no existentes (que Él ha predicho y prometido)* como *si (ya) existieran*. Es la referencia dada en el pasaje ya citado, Génesis 17:5, el cual narra cómo Dios cambió los nombres de Abram y Saraí.

Estar de acuerdo con la Palabra de Dios, su Palabra escrita o una palabra específica, y expresarlo verbalmente, nos ayuda a fortalecer nuestra fe hasta que la manifestación de esa palabra se hace visible.

En Amós 3:3, leemos: *¿Andarán dos juntos si no estuvieren de acuerdo?* No podemos caminar con Dios en relación con su plan para nuestras vidas, a menos que nos dispongamos a estar de acuerdo con Él, en nuestro corazón, y con nuestras palabras.

La elección es nuestra

> Al cielo y a la tierra llamo hoy como testigos contra ustedes, que he puesto delante de ustedes la vida y la muerte, la bendición y la maldición. Escojan, pues, la vida para que vivan ustedes y sus descendientes.
>
> —Deuteronomio 30:19

Yo creo que Dios está buscando hombres y mujeres en quienes pueda plantar las "semillas de sus sueños". Pero los sueños de Dios para nuestra vida y las de otros se realizan cuando estamos dispuestos a "concebir". A coincidir mentalmente con Dios, en otras palabras, a creer lo que Él nos dice.

Creer es el primer paso importante, porque lo que hay en nuestro corazón lo que expresa nuestra boca:...Porque de la plenitud (de la superabundancia que rebosa) del corazón, habla la boca (Mateo 12:34).

En la introducción dije que nuestra boca expresa lo que hay en nuestras almas. Tal como la hemos definido, la mente es parte del alma. Atraemos hacia nosotros las cosas con las cuales hemos llenado nuestra alma. Si mantenemos nuestra alma y nuestra boca llenas de duda, incredulidad, temor y expresiones negativas, éstas se manifestarán en nuestra vida. De otro lado, si constantemente llenamos nuestra alma y nuestra boca de Dios, su Palabra y su plan, eso es lo que tendremos.

¡La elección es nuestra!

Capítulo 4

Profetice su futuro

…si alguno no ofende con sus palabras
(nunca dice cosas incorrectas) es maduro en
carácter y perfecto, capaz también de controlar todo
su cuerpo, y de refrenar toda su naturaleza.
—Santiago 3:2

¿Qué fue lo primero que usted dijo esta mañana cuando se levantó? ¿De qué ha estado hablando durante todo el día? A pesar de lo que piense, esto es muy importante para usted y su bienestar, según lo señala Santiago en este versículo.

Como las palabras son muy importantes y tienen mucho poder, se nos pedirá cuenta de ellas, según la advertencia de Jesús en Mateo 12:37: *Porque por tus palabras serás absuelto y justificado, y por tus palabras serás condenado y sentenciado.*

Por eso es que necesitamos aprender a domar nuestra lengua.

Domar la lengua

Miren los barcos, aunque son tan grandes y llevados por vientos impetuosos, los dirige un pequeño timón, por donde el que las gobierna quiere.

Así es la lengua, un miembro pequeño que puede jactarse de grandes cosas. Miren cuán grande bosque puede consumir un pequeño fuego.

Y la lengua es un fuego *(la lengua es)*, un mundo de maldad puesto en nuestros miembros que contamina y corrompe todo el cuerpo, y enciende toda la rueda de la creación *(el ciclo de la naturaleza humana)* siendo ella misma encendida por el infierno *(la Gehena)*.

Porque toda bestia y toda ave, reptil o animal acuático, puede ser, y es domado por el genio *(o naturaleza)* humano.

Pero la lengua humana no puede ser domada por el hombre. Es un miembro incansable *(indisciplinado e irreconciliable)* lleno de veneno mortal.

—SANTIAGO 3:4-8

Tal como lo dice Santiago en este pasaje, ningún hombre o mujer puede domar la lengua con su esfuerzo propio. En el versículo 8 declara que la lengua es "indisciplinada". Cualquier cosa indisciplinada, será rebelde e incontrolable, pues siempre quiere hacer su voluntad. Un niño y un animal salvaje son así. Así es el apetito. La lengua humana no es diferente. Por eso es que necesitamos la ayuda del Espíritu Santo para controlarla. Pero Dios no lo hará todo por nosotros. Debemos aprender a disciplinar nuestra boca y a responsabilizarnos por lo que sale de ella.

Si nuestra vida no es lo que debería ser, quizá necesitemos hacer un inventario de lo que hablamos.

¿Cómo habla usted de su futuro? Si no está satisfecho o satisfecha con su vida y quiere que ella cambie, tendrá que comenzar a profetizar un futuro mejor para usted y sus seres queridos, de acuerdo a la Palabra de Dios.

Usted puede cambiar la condición de su vida cooperando con Dios.

Sin la ayuda de Dios no puede cambiar nada, pero obrando de acuerdo con Él, todo es posible (Mateo 17:20). Sí, usted puede comenzar a cambiar las circunstancias de su vida, si comienza a pronunciar la Palabra de Dios.

La mayoría de nosotros no utiliza la boca para lo que Dios nos la dio. Hay un gran poder y una gran autoridad en las palabras. El tipo de poder depende de la clase de palabras que pronunciemos. Podemos maldecir nuestro futuro hablando mal de él, o todo lo contrario, bendecido hablando bien de él.

Algunos han comprendido el peligro de hablar negativamente, pero Dios quiere que avancemos un paso más. Él quiere que comencemos a profetizar lo que deseamos que pase en nuestra vida.

La mayoría de nosotros tiene algún tipo de sueño o de visión. Hay algo que deseamos en la vida (personal, financiero, social o espiritual) para nuestras familias, nuestro ministerio o nuestra salud, etc.

Hay muchas cosas materiales y espirituales que deseamos en esta vida. Generalmente es una mezcla de ambas. Queremos crecer espiritualmente y ser utilizados por Dios, pero también ser bendecidos materialmente.

Hubo momentos en mi vida cuando quise cosas que podría catalogar como "bendiciones". Pero debido a que ignoraba el tema central de este libro, verbalmente expresé que quizá nunca tendría esas bendiciones en mi vida. Hablaba de acuerdo a lo que había sido mi experiencia en el pasado, y estaba, por lo tanto, maldiciendo mi futuro con mi propia boca. Escogía la voluntad del diablo y coincidía con él, en lugar de escoger la voluntad de Dios y expresar que estaba de acuerdo con ella.

Necesitaba llamar las cosas que no son, como si fueran. Necesitaba hacer existir, desde el mundo espiritual, lo que yo deseaba, sin limitarme solo a desearlo y esperarlo.

Debía cooperar con el plan de Dios para mi vida, pero ¡estaba engañada! Creía mentiras y engaños.

A Satanás se le llama el engañador porque, tal como lo dijo Jesús en Juan 8:44, *es mentiroso y padre de mentira*, todo en él es falso. Se esfuerza por causarnos problemas y luego los utiliza para influenciamos y hacernos profetizar el mismo tipo de problemas en nuestro futuro.

¡Bendito seas!

El que se bendiga en la tierra, en el Dios de verdad se bendecirá; y el que jure en la tierra, por el Dios de verdad jurará, porque las angustias primeras serán olvidadas y quedarán ocultas a mis ojos.

Porque he aquí que yo crearé nuevos cielos y nueva tierra. De lo pasado no habrá memoria ni vendrá al pensamiento.

Más os gozaréis y os alegraréis para siempre en las cosas que yo he creado...

—Isaías 65:16-18

Este pasaje en el cual el Señor mismo le habla a su pueblo Israel, nos muestra un principio vital doble que puede ser aplicado en cada área de la vida en la cual deseemos tener victoria:

1) No hay palabras que tengan mayor autoridad en nuestra vida que las nuestras y, 2) nuestro futuro no puede ser bendecido hasta que desechemos el pasado.

En Isaías 43:18-19 el Señor establece este mismo principio:

> No recuerdes *(con ansiedad)* las cosas pasadas, ni tengas en cuenta las cosas viejas. He aquí yo hago una cosa nueva. Ya es evidente; ¿no la percibirás ni le prestarás atención? Haré camino y ríos en el desierto.

Me parece que una juiciosa consideración de estos pasajes indica que usted y yo podemos cooperar con el plan de Dios, porque Él dice en el último versículo: ¿ . . . ni le prestarás atención?

Podemos poner en marcha el plan de Dios para nuestra vida dejando de prestarle atención (de pensar en) a las cosas pasadas, creyendo que Dios tiene un buen plan para nuestro futuro. Siendo que nuestros pensamientos encuentran, finalmente, expresión en nuestra boca, nunca lograremos hablar lo correcto, a menos que hagamos algo con nuestra manera de pensar.

Yo creo que si decidimos dejar de vivir mentalmente en el pasado, podemos comenzar a pensar de común acuerdo con Dios. Una vez que lo hagamos, comenzaremos a hablar de acuerdo con Él. Y al hacer ambas cosas, entonces estaremos en capacidad de profetizar nuestro propio futuro.

El poder requiere de responsabilidad

> Pero les digo que en el día del juicio los hombres tendrán que dar cuenta de cada palabra ociosa *(e improductiva)* que hablen.
>
> —MATEO 12:36

Jesús enseñó que un día todos los hombres darán cuenta de sus palabras. ¿Por qué razón? Porque las palabras tienen poder; ellas son portadoras de poder creativo o destructivo.

Proverbios 18:21 afirma que en la lengua está el poder de la vida y de la muerte. A mí me parece que así es, entonces sí que tienen poder. Y cada vez que se nos da poder somos responsables de él.

A menudo la gente desea poder, sin responsabilidad, para jugar con él, pero Dios no permite tal cosa.

Dios nos ha dado la palabra, y Él espera que seamos responsables y rindamos cuentas del poder que contienen nuestras palabras.

¡Las palabras contienen poder!

Si en realidad creemos que las palabras conllevan poder, y que Dios nos responsabiliza de ellas, estoy segura que seremos más cuidadosos con lo que decimos.

A veces decimos cosas totalmente ridículas. Si nos colgáramos una grabadora y durante una semana grabáramos todo lo que hablamos, rápidamente lograríamos revelar la causa de algunos de los problemas que tenemos, y por qué algunas cosas nunca cambian, aunque sea la voluntad de Dios liberarnos de ellas.

Con seguridad en esa grabación escucharíamos duda, incredulidad, quejas, murmuración, temor, y muchas otras declaraciones negativas. Oiríamos también mucha confirmación de lo que nos ocurre, pero poca profecía relativa a nuestro glorioso futuro. Escucharíamos declaraciones como estas:

"Este chico mío nunca cambiará. Será mejor que me olvide del cambio, porque mientras más oro, peor se comporta".

"Nuestro matrimonio sencillamente no funcionará. No puedo aguantar ni una más. Un detalle más y me largo. Si es necesario me divorcio".

"Eso sí nunca falla. Cada vez que consigo un dinerito extra, me llega también algún gasto extra y se me va".

"Jamás puedo escuchar a Dios. Él nunca me habla".

"Nadie me quiere. Parece que mi destino es la soledad por el resto de la vida".

Y mientras pronunciamos declaraciones tan negativas, decimos creer que nuestros hijos, nuestro matrimonio y nuestras finanzas marcharán bien, y que creemos en la dirección del Espíritu Santo y en encontrar nuestra pareja para toda la vida.

Le comparto un ejemplo de mi propia vida sobre las cosas ridículas que decimos cuando estamos bajo presión.

Una noche estaba buscando algo en mi casa, pero tenía dificultad para encontrarlo. Al mismo tiempo, varios miembros de mi familia me estaban pidiendo ayuda en sus respectivas ocupaciones. Podía sentir que la presión crecía, y todos sabemos que cuando la presión crece, la boca se abre.

En mi frustración exclamé: "¡Este lugar me vuelve loca! ¡Jamás puedo encontrar algo aquí!".

Instantáneamente el Señor hizo que notara mis palabras. Exactamente me hizo examinar lo que había dicho. En primer lugar yo estaba mintiendo, me hizo notar el Señor, porque en mi casa siempre puedo encontrar lo que busco. Que una vez no encuentre algo, no significa que *jamás* pueda encontrar las cosas.

Todos tendemos a exagerar horriblemente cuando estamos bajo presión. Magnificamos o agrandamos las cosas, las sacamos de proporción y las hacemos ver peor de lo que son en realidad. Las palabras descuidadas que pronunciamos durante el calor del momento, quizá no signifiquen mucho para nosotros, pero tienen tremendo peso e importancia en el mundo espiritual.

Volviendo a mi ejemplo, luego me dijo el Señor: "Joyce, eso de que jamás encuentras nada, no sólo es una mentira, porque tampoco es cierto que te vas a volver loca. Tu casa *no* te va a volver loca. Pero si continúas diciéndolo frecuentemente, podría ocurrir".

Si una persona en su familia ha tenido algún problema de salud mental, al diablo le encantaría que le abrieran una puerta, mediante esta tonta manera de hablar, para continuar con esa maldición.

Si se fija atentamente notará que muchas personas hablan de manera negativa sobre su capacidad y condición mental:

"Eso me trastorna".

"Siento que me voy a volver loco (o loca)".

" A veces parece que voy a enloquecer".

"Mi cerebro está fallando".

"Siempre olvido todo".

"Ya no puedo recordar nada; como que me está dando el mal de Alzheimer".

"Si las cosas siguen así, me dará un ataque de nervios".

"¡Soy tan torpe, ignorante y estúpido!".

Sólo escuche a los demás y así mismo, y pronto comprenderá lo que quiero decir.

Un día mi esposo Dave y yo jugamos golf con un hombre que en el transcurso de unas cuatro horas se llamó a sí mismo "torpe" una docena de veces. Pensé: "Señor, si tuviera idea de cómo está maldiciendo su vida, dejaría de hablar así".

Si alguna vez siente que tiene problemas mentales, ore al respecto, y luego profetice cosas buenas sobre su capacidad mental, así su futuro puede ser diferente al pasado.

Lo que la mayoría de nosotros hicimos en el pasado fue orar por algo y luego negar la eficacia de nuestras oraciones con una confesión o declaración negativa.

¡No hable muerte, hable vida!

El Espíritu es quien da vida *(Él es el dador de la vida)*; la carne no trae beneficio alguno *(no hay provecho en ella)*. Las palabras *(verdades)* que yo les he hablado, son espíritu y son vida.

—MATEO 12:36

Cuando le sugiero que profetice su futuro no quiero decir que le cuente a los demás lo que cree hará o tendrá. Habrá una ocasión para ello, pero este no es el momento. Hablo de profetizarse a *usted* primero: mientras conduce el vehículo rumbo al trabajo, limpia la casa, trabaja en el patio, repara el carro o en su rutina diaria.

Hable palabras llenas de fe creyendo, como dijo Jesús, que sus palabras *son espíritu y son vida.*

¡No proclame muerte, proclame vida!

¿Cuándo usted entra a un restaurante tiene por costumbre decir: "Probablemente no conseguiré una mesa, y si la consigo será tan mala como el servicio?". O dice: "¿Creo que tendré una buena mesa y un excelente servicio?".

Quizá usted me pregunte: "Joyce, ¿en realidad le ocurre así? ¿Le da resultado?".

No puedo decirle con sinceridad que *siempre* me ocurra, pero prefiero mantener una actitud positiva y obtener un cincuenta por ciento de buenos resultados, que tener una actitud negativa y un cien por ciento de malos resultados.

Un beneficio adicional es que cuando soy positiva, soy más feliz, y la gente disfruta más mi compañía.

Tome tan solo 30 segundos al día para declarar que Dios le concede "favor o gracia" dondequiera que va. Los resultados le asombrarán.

Recuerdo que una vez fui a una tienda a buscar un abrigo. Muchos tenían un descuento del 50 por ciento. Encontré uno que de verdad me gustó, pero no tenía pegado el precio. Le pregunté a una empleada si lo vendían, y me dijo que no. Luego me miró diciéndome: "Pero si usted lo quiere comprar, se lo doy por la mitad del precio. Yo no haría eso con otra persona, pero lo quiero hacer con usted". Como no conocía a esta mujer, ni ella me conocía a mí, no había una razón "humana" para que hiciera lo que hizo.

Dios se complace otorgándole gracia y favor a sus hijos. Lo que Él hizo por mí, también lo hará por usted. Haga que su boca y sus palabras concuerden con la Palabra de Dios, y alístese para recibir bendición. Y recuerde siempre alabarlo y darle gracias por lo que recibe.

Como Dios es bueno, varias veces al día deberíamos decirle que somos conscientes de eso.

Un dolor en el pie

Una tarde estaba en mi cama estudiando cuando repentinamente sentí dolor en un pie. Tengo un juanete que ocasionalmente se inflama y me duele. Cuando el dolor me atacó, dije:

"Reprendo este dolor en el nombre de Jesús. Por sus heridas he sido sanada. Por el poder de su sangre me recupero y no tendré más este dolor".

Como instantáneamente sentí otro dolor, de nuevo dije: "En el nombre de Jesús estoy sana, y recuperada".

Esto parecía una lucha. Yo decía algo positivo de la Palabra de Dios, y el dolor me atacaba otra vez. Pensé: "No me importa si tengo que estar acostada aquí todo el día, pero ganaré".

Luego dije en voz alta: "Estoy sana por las heridas de Jesús. Este dolor tiene que irse".

Me quedé en la cama, pero cada vez que el dolor me atacaba yo le respondía con la Palabra de Dios. Pronto desapareció y no volvió a molestarme durante aquel día.

Vigilen y oren

Permanezcan despiertos *(presten estricta atención, sean cautelosos)*, vigilen y oren…

—MATEO 26:41

A veces somos culpables de no persistir lo suficiente o de "tolerar la impertinencia del enemigo". A veces nos volvemos "perezosos espiritualmente". Todo lo contrario debemos estar despiertos y vigilar.

La exhortación de Jesús a sus discípulos: *Vigilen y oren,* se debe aplicar a nuestra vida.

Vigilen los ataques del enemigo y oren inmediatamente.

¡Ataque al diablo cuando trate de ganar pie y no podrá fortalecerse en usted!

Vida en la Palabra

El Señor me dijo una vez: "Mi pueblo tendrá que olvidar el deseo de tener mucho poder, hasta que aprenda a utilizar mi Palabra como un arma contra el enemigo, y a profetizar su futuro".

La demasiada mezcolanza en nuestra boca produce cero poder en nuestra vida.

En la relación con Dios, la mezcla de positivos y negativos no es igual a fuerza o poder.

Cuando la Palabra de Dios sale de la boca del creyente es una afilada espada contra el enemigo. Apocalipsis 19:11-15 describe a Jesús montado en un caballo blanco, y ton una espada aguda que sale de su boca. Esa espada es la Palabra de Dios.

En Hebreos 4:12, dice:... *la Palabra de Dios es viva y llena de poder* (activo, funcional, energizante y efectivo); es *más aguda que toda espada de dos filos*... 2 de Corintios 10:4 nos enseña que... *las armas de nuestra lucha no son físicas* (armas de carne y sangre)... Como no son armas naturales, deben ser espirituales.

La Palabra de Dios actúa en el mundo espiritual. Es una arma espiritual (invisible) para derrotar a un enemigo espiritual (también invisible).

No podemos ver al diablo, pero sí sus obras. Yo puedo dar fe de que he sufrido sus acciones durante toda mi vida. Empecé a aplicar estos principios que estoy compartiendo con usted y pronto pude ver los resultados de la Palabra en toda mi vida.

La vida vence a la muerte.

Hay "Vida en la Palabra".

Declarando el fin desde el principio

Recuerden *(seriamente)* las cosas pasadas *(que yo hice)* desde tiempos remotos; porque yo soy Dios y no hay otro; y nadie es semejante a mí.

Que declaro el resultado y el fin desde el principio, y desde los tiempos antiguos las cosas que aún no han sido hechas, diciendo: Mi consejo prevalecerá, y haré todo lo que me place y me propongo.

—ISAÍAS 46:9-10

En este pasaje el Señor dice: "Yo soy el mismo Dios que les ayudé en el pasado, y que declaro desde el principio cómo será el fin".

El Señor es el Alfa y la Omega, el Principio y el Fin (Apocalipsis 1:8). Pero también es todo lo que hay en el intermedio. Él sabe, antes de que cualquier problema aparezca, que podemos ser victoriosos si peleamos la batalla a su manera. Y su manera no es negativa.

Romanos 8:37 dice que *somos más que vencedores.* Yo creo que eso significa saber con certeza que ganaremos, aun antes de que comience la batalla. En otras palabras, podemos ver el fin desde el principio.

Profetizar nuestro futuro es literalmente declarar desde el comienzo, lo que ocurrirá al final.

¡Declárelo y hágalo!

Yo he declarado desde el principio las cosas pasadas *(que ocurrieron a Israel en el pasado)*; con mi boca lo dije y lo hice conocer; súbitamente lo hice, y ocurrió *(dice el Señor).*

—ISAÍAS 48:3

Note el principio básico de la forma cómo actúa Dios: Primero Él declara las cosas, luego las hace.

Este principio explica por qué envió a los profetas. Ellos vinieron, inspirados por Dios, instruyendo a la gente sobre su voluntad. Eran palabras que venían del mundo espiritual al natural. Jesús no vino a la tierra sin que antes los profetas hubieran hablado y profetizado durante siglos sobre su venida. Como Dios actúa de acuerdo a las leyes espirituales que Él mismo ha establecido, no debemos ignorarlas.

La siembra y la cosecha es otra ley que observamos está vigente sobre la tierra, pero ella también opera en el mundo espiritual.

Sembramos semillas materiales, y cosechamos bendiciones materiales de todo tipo.

Las palabras también son semillas. Sembramos semillas de palabras y cosechamos de acuerdo a ellas.

Dios quería que el testarudo pueblo de Israel comprendiera que Él era quien obraba de manera maravillosa en sus vidas, y por eso se las anunciaba con anticipación. Como fuimos creados a su imagen, se espera que sigamos su ejemplo y hagamos lo que Él hace.

¡Profetice y saque provecho!

Por lo tanto te he declarado desde la antigüedad las cosas que te ocurrirían; antes de que sucedieran te las anuncié, para que no digas: Mi ídolo las hizo, mis imágenes de fundición las ordenaron.

Tú has oído (*estas cosas que fueron predichas*), y ahora ves su cumplimiento. ¿Y no testificarás de ellas? Yo te muestro cosas específicas nuevas, de ahora en adelante, cosas ocultas (*reservadas*) que no conoces.

Han sido creadas ahora *(llamadas a existir por la palabra profética)* no hace mucho tiempo; y antes de que hubieses oído de ellas, para que no digas: He aquí, yo las sabía.

—Isaías 48:5-7

Note por favor como el Señor dice que las cosas que deseaba hacer fueron llamadas a existir por la palabra profética. Lo que usted y yo debemos hacer es hablar y declarar la Palabra del Señor, antes de que se cumpla.

"Pero yo no soy profeta", dirá usted.

Para profetizar usted no tiene que ser un "profeta de oficio".

Puede profetizar (hablar y declarar la Palabra de Dios) sobre su propia vida en todo tiempo.

¡Declare y proclame cosas nuevas en su vida!

He aquí, ya se cumplieron las cosas primeras y yo anuncio cosas nuevas; antes de que sucedan te hablaré de ellas.

—Isaías 42:9

Como este versículo confirma lo que Dios le habla a su pueblo Israel, vemos que Él anuncia cosas nuevas antes de que ocurran.

Si usted es como yo, estoy segura de que estará listo o lista para nuevas cosas en su vida. Debido a que necesita algunos cambios, la lectura de este libro es la voluntad y el momento de Dios para usted.

Aunque yo conozco estos principios también necesito que me los recuerden de vez en cuando. A veces todos necesitamos ser "sacudidos" acerca de lo que ya sabemos. Esto nos anima a seguir actuando de acuerdo con los poderosos principios que hemos olvidado.

Si usted está cansado o cansada de las cosas viejas, ya deje de repetirlas. ¿Quiere cosas nuevas? Comience a hablar de cosas nuevas. Pase tiempo en la presencia de Dios. Aparte momentos específicos para estudiar su Palabra. Descubra cuál es su voluntad para usted. No permita que el diablo le siga dando vueltas.

Deje de ser el intérprete del diablo.

Descubra lo que la Palabra de Dios le promete, y comience a declarar el fin desde el principio. En lugar de decir: "Nada va a cambiar", diga: "¡Mi vida y mis circunstancias están cambiando día por día!".

Escuché la historia de un médico que si bien no era creyente, había descubierto el poder del principio que enseño en estas páginas. La prescripción para sus pacientes era volver a casa y repetir varias veces al día: "Estoy mejorando cada día". Obtuvo resultados tan maravillosos que la gente llegaba de todo el mundo solicitando sus servicios.

¡Grandioso! Dios lo dijo primero, pero un hombre se roba el crédito.

¡Hágalo a la manera de Dios!

Jesús dijo: Yo soy el camino, síganme…
— JUAN 14:6; 12:26

Según vernos Jesús jamás fue, o habló negativamente.
Usted y yo debemos seguir su ejemplo.
¡Diga y declare acerca de su situación lo que cree Jesús hubiera dicho y proclamado, y ábrale la puerta al poder milagroso de Dios!

Capítulo 5

Cómo convertirse en un intérprete de Dios

Así será mi palabra que sale de mi boca:
no volverá a mí vacía (sin producir algún efecto),
sino que logrará lo que es mi placer y propósito,
y prosperará en aquello para lo cual la envié.
—Isaías 55:11

Los profetas fueron intérpretes de Dios. Vidas llamadas para que le hablaran las palabras de Dios a la gente, a las situaciones, a las ciudades, a los huesos secos, a las montañas, o a cualquier cosa que Dios les indicara. Para cumplir la misión ordenada por Dios, debían someterse al Señor. Su boca debía ser la de Dios.

Todos los que quieran ser instrumentos de Dios tienen la necesidad de permitirle poner orden en su boca y en las palabras que salen de ella. Generalmente las personas que poseen dones "verbales" también tienen debilidades evidentes en el uso de la lengua.

Yo hablo por experiencia propia.

Hable solo cuando Dios le haya hablado

Si tienen dones *(facultades, talentos, cualidades)*, que son diferentes de acuerdo a la gracia que nos ha sido dada, úsenlos *(quien profetiza, que profetice)* de acuerdo a la medida de su fe.

—ROMANOS 12:6

Como ministra del Evangelio, yo soy una intérprete para el Cuerpo de Cristo. Tengo el maravilloso privilegio de enseñar la Palabra en todo el mundo.

Enseño muchísimo.

En Romanos 12: 6 y 7 en esencia el apóstol Pablo escribe: "Si usted ha sido llamado a ser maestro, entréguese a la enseñanza", y eso es lo que yo he hecho durante muchos años. Dios me ha dicho que, sin importar lo que haga, debo utilizar siempre el don de la enseñanza que Él me ha dado.

Sin importar su ministerio particular en el Cuerpo del Señor, cada uno de nosotros, de alguna manera, es un intérprete o vocero de Dios. Ya sea que se nos haya concedido el don de enseñar por todo el mundo, o la habilidad de testificar a nuestros colegas de trabajo, Dios desea que utilicemos nuestra boca y nuestra lengua para Él.

Un hombre sabio me dijo una vez: "Joyce, Dios le ha dado la oportunidad de captar la atención de muchos. Manténgase humilde y solo hable cuando Dios le haya hablado".

Si de algún modo usted es un maestro o una maestra de la Palabra de Dios, le ofrezco el mismo consejo: Aprenda que debe hablar sólo cuando Dios le haya hablado. Obviamente esto requiere un intenso entrenamiento de parte del Espíritu Santo.

Si queremos que nuestras palabras transmitan el poder de Dios, entonces Dios debe ser dueño y Señor de nuestra boca; ella debe pertenecerle.

¿Su boca le pertenece a Dios? ¿De verdad se la ha entregado a Él para que la use según sus propósitos? El corazón de una persona se puede endurecer por causa de sus excusas ante este comportamiento.

Durante largo tiempo justifiqué mis "problemas de la boca" describiéndolos como rasgos de mi personalidad, como resultado de los problemas de abuso en mi pasado, por el hecho de que me sentía mal o estaba cansada.

En realidad la lista de excusas que inventamos para disculpar nuestro fracaso en ajustamos a la voluntad de Dios y a su Palabra es interminable.

Finalmente el Espíritu Santo consiguió toda mi atención y comencé a responsabilizarme de mis palabras. Sé que todavía me falta un largo camino por recorrer, pero siento que he progresado y he alcanzado la etapa del verdadero arrepentimiento.

La responsabilidad de ser maestro

No se hagan maestros muchos de ustedes *(autoproclamándose censores y reprensores de otros)* mis hermanos, porque ustedes saben que nosotros *(los maestros)* seremos juzgados por normas más altas y con mayor severidad *(que otras personas; razón por la cual asumimos mayor responsabilidad y condenación)*.

Porque todos tropezamos a menudo, y caemos y ofendemos en muchas cosas. Y si alguno no ofende en palabras *(nunca dice cosas incorrectas)* es maduro en carácter y perfecto, capaz también de controlar todo su cuerpo y de refrenar toda su naturaleza.

—Santiago 3:1-2

Sabemos que Dios trata con cada uno en particular, pero yo creo que hay una norma estricta para quienes somos maestros de la Palabra.

Se espera que los líderes muestren cierta medida de madurez y autocontrol; que sean ejemplares para quienes Dios ha puesto bajo su dirección. Ellos mismos deben seguir a Cristo y mostrar "el camino", tanto con sus vidas como con la Palabra de Dios.

En 1 de Timoteo 3:2 el apóstol Pablo escribió que los líderes espirituales deben practicar el autocontrol. Estoy segura que una de las áreas en las cuales deben ejercitar este fruto del Espíritu, es en su manera de hablar, es decir, en su boca.

Todos los que se entrenan para ser intérpretes o voceros de Dios, con frecuencia serán utilizados para animar, consolar y edificar a otros. Hay momentos de corrección y exhortación, pero también aquellos cuando deben dirigirse a los cansados "con palabras sazonadas".

Dé aliento

Un buen hombre se alegra respondiendo de manera apropiada, y una palabra pronunciada a tiempo ¡cuán buena es! (Proverbios 15:23).

Manzana de oro con figuras de plata es la palabra dicha como conviene (Proverbios 25:11).

(El siervo de Dios dice:) El Señor me ha dado lengua de discípulo y de aprendiz, para que sepa hablar palabra a tiempo al cansado. Mañana tras mañana me despierta, y despierta mi oído para oír como discípulo (como aprendiz) (Isaías 50:4).

Estos tres versículos merecen nuestra reflexión. En realidad son grandes pasajes bíblicos. ¡Qué tremenda bendición es ser utilizado por Dios para animar a otros!

Podemos bendecir a la gente con las palabras de nuestra boca. Podemos hablarles vida. *El poder de la vida y de la muerte están en la lengua* (Proverbios 18:21). Podemos escoger hablar vida. Cuando edificamos o exhortamos, alentamos a la gente a seguir adelante. Piense bien en esto. Sólo con nuestras palabras podemos hacer que la gente se devuelva o siga adelante.

Los padres deben tener mucho cuidado con la forma como les hablan a sus hijos. Ser padre es una gran responsabilidad. Dios le añade autoridad a la paternidad. Como padres, las parejas tienen autoridad sobre la vida de sus hijos hasta que éstos tienen edad suficiente para dirigir sus propias vidas. Y por causa de esa autoridad las palabras de los padres pueden alentar o desalentar a un niño. Las palabras de un padre pueden herir o sanar.

Cuando un niño ha sido herido emocionalmente por un maestro u otro niño, el padre puede ser utilizado por Dios para ayudarle a restablecer su confianza rápidamente. Sin embargo, las palabras ásperas o carentes de comprensión, pueden ahondar aún más esa herida.

Cuando los niños cometen errores, lo cual ocurre miles de veces durante la niñez, los padres necesitan saber "cómo disciplinarlos", es decir, *en amonestación del Señor* (lea Proverbios 22:6 y Efesios 6:4).

Es muy importante que los padres no hagan sentir al niño estúpido, desgarbado, o como si fuera un fracaso. Esto puede ocurrir si no usan con sabiduría sus palabras.

Los niños son frágiles y vulnerables. Y son tiernos, hasta cierto grado, durante sus primeros años. En los años de formación es de vital importancia que los padres les ayuden a sentirse seguros y amados. Como actualmente muchos padres tienen tremendos problemas y presiones personales, es común que no toman tiempo para ministrarle a sus hijos acerca de sus retos. Tendemos a pensar: "Son sólo problemas de niños, yo debo resolver problemas reales".

Si usted tiene hijos, cuando algo los lastime, recuerde hablarles "una palabra a tiempo" que los sane y los reanime.

El don de la exhortación

> Por lo tanto anímense *(amonéstense, exhórtense)* entre ustedes mismos y edifíquense *(fortalézcanse y estimúlense)* los unos a los otros, tal como lo están haciendo.
> —1 Tesalonicenses 5:11

Romanos 12:8 habla del *don de la exhortación*. Es uno de los dones del ministerio que el Espíritu Santo le confiere a ciertas personas.

En Juan 14:26 el Espíritu Santo es denominado el "Ayudador". Él exhorta a los creyentes a crecer en su relación con Dios, y los anima a ser todo lo que pueden ser, para la gloria de Dios. Como Ayudador y Exhortador, Él unge a los creyentes para realizar el mismo ministerio.

Usted y yo debemos ser conscientes de que la exhortación es un ministerio, y muy necesario por cierto. En las iglesias siempre hay suficientes personas que están listas para darse por vencidas si no ocurre algo que las aliente y les dé ánimo. Como exhortadores, usted y yo estamos en capacidad de evitar que alguien se dé por vencido o se descarríe.

En ese mismo versículo también se le llama "Confortador" o Consolador al Espíritu Santo. Los exhortadores consuelan, hacen que las personas se sientan mejor consigo mismas, con sus circunstancias, con su pasado, su presente y su futuro, y con todo lo que se relaciona con ellas.

Tal como lo hemos visto en 1 de Tesalonicenses 5:11, el apóstol Pablo instruyó a los primeros cristianos para que continuaran exhortándose los unos a los otros. Cualquier persona que desee llegar a ser un intérprete de Dios también debe ser, o convertirse, en un exhortador. Algunos tienen un don especial en esta área. Conozco a varias personas que son exhortadores naturales, o natas. Cada palabra que sale de sus bocas es para bien de los demás. Mi don ministerial no es la exhortación, pero como he aprendido a valorar su importancia, siempre procuro recordar que hay personas lastimadas que necesitan aliento y estímulo.

Cuídese del lenguaje corrompido

Que de su boca no se oiga nunca un lenguaje sucio o corrompido, ni palabras perversas, ni conversación malsana, solamente las palabras que sean buenas y benéficas para el progreso espiritual de los demás; apropiadas para cada necesidad y ocasión, que sean de bendición y den gracia *(favor de Dios)* a quienes las escuchan.

—Efesios 4:29

Algunos creen que han sido llamados a corregir a todo el mundo. El Señor sí da dones para corregir. El apóstol Pablo tenía un don especial en esta área. Él afirmó que corregía a los creyentes porque la gracia de Dios reposaba sobre él (Romanos 12:3).

Sin embargo, las personas que únicamente quieren corregir, pero nunca edificar, exhortar o consolar, están desbalanceadas, desequilibradas. Y cualquier cosa desbalanceada o desequilibrada, termina viniéndose abajo.

Dios desea dar su toque sanador a muchas bocas, a su manera de hablar, y convertirlas en sus voceras. Hay mucho qué decir y muchos que necesitan escuchar. Yo lo animo a permitir que Dios obre en estas importantes áreas de su vida y, como el profeta Isaías lo hiciera, a comprender que sin el poder purificador de Dios, todos tenemos labios inmundos (Isaías 6:5).

Capítulo 6

Quéjese y quédese caído, o alabe a Dios y levántese

Jesús respondió y les dijo:
No murmuréis entre vosotros.
—Juan 6:43

¡Andar quejándose es un pecado! Es una forma de conversación perversa que le causa un gran cúmulo de problemas a mucha gente. También es algo que le abre muchas puertas al diablo.

Recuerde que dijimos que las palabras tienen poder. Las palabras de murmuración y queja contienen un poder destructivo. Destruyen la alegría del refunfuñador y quejumbroso, y también afectan a quienes tienen que escucharlo.

Tal como lo vimos en Efesios 4:29, el apóstol Pablo nos enseña a no utilizar el lenguaje sucio o corrompido. Hace un tiempo yo no sabía que esto incluía la quejumbre, pero ahora lo sé.

Murmurar y lamentarse contamina nuestras vidas y probablemente es como maldecir a Dios. Ante sus ojos es corrupción verbal.

Contaminar equivale a envenenar.

¿Alguna vez se ha puesto a pensar que usted y yo podemos envenenar nuestro futuro por quejarnos de lo que nos ocurre ahora? Cuando nos quejamos de nuestra situación actual, permanecemos en ella, cuando alabamos a Dios en medio de la dificultad, Él nos saca de ella.

La mejor manera de comenzar cada día es con gratitud y acción de gracias. Adelántesele al diablo. Si usted no llena su mente y su conversación con cosas buenas, definitivamente él se las llenará con las malas.

La gente verdaderamente agradecida no es quejumbrosa. Están tan ocupados agradeciendo las cosas buenas que no tienen tiempo para notar las malas por las cuales podrían quejarse.

El mundo está lleno de dos fuerzas: el bien y el mal. La Biblia nos enseña que el bien vence el mal si nos vemos enfrentados a una situación negativa (mala), podemos superarla con el bien.

La alabanza y la acción de gracias son buenas; la murmuración y la quejumbre son malas.

La lengua puede producir salud o enfermedad

La mente y el corazón calmados y apacibles, son la vida
y la salud del cuerpo, pero la envidia, los celos y la ira,
hacen podrir los huesos.

—PROVERBIOS 14:30

Además de envenenar el futuro, la murmuración y la quejumbre también pueden envenenar el presente. Una persona murmuradora y quejumbrosa quizá sea también una persona enferma. Las palabras pueden afectar el cuerpo. Producir sanidad o abrirle la puerta a la enfermedad.

¡Los achaques producen más achaques!

Según Proverbios 15:4, la lengua tiene poder sanador: *La lengua amable* (con su poder sanador) *es árbol de vida, pero el antagonismo abate el espíritu.*

Piense en esto, una persona con la mente y el corazón calmados y apacibles tiene buena salud corporal. Pero tal como lo vemos en Proverbios 14:30, "antagonismos" como la envidia, los celos y la ira, en realidad pueden destruir el cuerpo.

La ira y el enojo son sinónimos, y la mayoría de las personas quejumbrosas están enojadas con algo. Además creo poder decir con seguridad que quienes murmuran, refunfuñan y se quejan, no tienen la mente y el corazón calmados y apacibles.

La alabanza y la gratitud liberan poder y sanidad física. En muchas ocasiones cuando he estado físicamente enferma o me he sentido mal, la alabanza a Dios, fuera en la iglesia o en mi hogar, me hizo sentir libre de todos los síntomas negativos. Quizá a usted le haya ocurrido lo mismo.

Supongo que uno se debería sentir muy bien por la mañana después de haber dormido bien, pero he notado que durante periodos de ataques físicos, es en la mañana cuando me siento peor.

La disciplina de pasar un tiempo regular y de calidad con el Señor en las mañanas, períodos que incluyen alabanza y acción de gracias, ha cambiado mi condición física muchas veces.

La murmuración y las quejas le abren la puerta a la destrucción

Ni tentemos al Señor, como también algunos de ellos lo tentaron, y perecieron por las serpientes.

Ni murmuréis, como algunos de ellos murmuraron, y perecieron por mano del destructor.

Todas estas cosas les acontecieron como ejemplo, y están escritas para amonestarnos a nosotros, que vivimos en estos tiempos finales.

—1 Corintios 10:9-11

Cuando nos quejamos, Dios lo toma como algo personal. Considera que estamos abusando de su bondad. Dios es bueno y quiere oímos contándole a otros acerca de Su bondad. Cuando murmuramos, nos afligimos o nos quejamos, estamos haciendo una valoración crítica del Dios a quien servimos.

Como los israelitas abusaron de la bondad de Dios, quejándose fueron aniquilados por el destructor. La Biblia dice que esto se registró en el Antiguo Testamento y que también se cuenta en el Nuevo, para amonestarnos. En otras palabras, para que veamos sus errores y no los repitamos. Debido a que ellos se quejaron, encontraron muerte y destrucción. Debemos aprender de su ejemplo y no actuar de la misma manera.

La alabanza y la acción de gracias le abren la puerta a la vida

El que guarda su boca y su lengua, su vida guarda de angustias.

—Proverbios 21:23

El que guarda su boca guarda su vida; pero el que mucho abre sus labios acaba en desastre.

—Proverbios 13:3

Las Escrituras aseguran que la persona que guarda sus palabras está protegido de la ruina y la calamidad, pero la que no lo hace puede atraer destrucción a su propia vida.

Uno de los problemas con el cual Dios tuvo que lidiar repetidamente cuando los Israelitas entraron al desierto fue el de la queja. Había 11 días de jornada entre Egipto y la tierra prometida (véase Deuteronomio 1:2), pero después de cuatro décadas los israelitas aún estaban deambulando en el desierto de la muerte y la destrucción.

De otro lado, Jesús entró al desierto de Su aflicción con una extraordinaria actitud. Como Él continuó alabando a Dios sin importar la situación y rehusando quejarse, Dios lo levantó de la muerte a una vida nueva.

Esa debería ser una lección para nosotros. Debemos guardarnos de la tentación que consiste en murmurar y quejarnos, y en cambio elegir, deliberadamente, el sacrificio de alabanza y acción de gracias (lea Hebreos 13:15).

Podemos quejarnos y quedarnos caídos, o alabar a Dios y levantarnos.

El poder de la acción de gracias

Por nada estéis angustiados, sino sean conocidas vuestras peticiones delante de Dios en toda oración y ruego, con acción de gracias.

—FILIPENSES 4:6

La Palabra de Dios tiene mucho que decir acerca de la acción de gracias, y personalmente creo que ella es el antídoto contra el veneno de la quejumbre.

En este punto quizá deba enfatizar que considero este como uno de los problemas graves entre los creyentes. Es tan negativo que ocurre a veces, cuando le pedimos algo al Señor y nos lo da, nos quejamos por tener que cuidar eso que Él nos dio. Debemos tratar la tentación de quejarnos como si fuera una plaga, pues ella tiene efectos similares en nuestra vida. La quejumbre debilita mientras que la acción de gracias libera energía y poder para que nuestras oraciones sean respondidas.

A mí me parece que en Filipenses 4:6, el apóstol Pablo nos dice que la acción de gracias mueve nuestras peticiones en dirección a la aprobación.

Recuerdo que una vez le pedí algo al Señor y Él me dijo: "¿Por qué habría de darte más si te estás quejando de lo que ya tienes?".

La gratitud demuestra madurez. Demuestra que estamos lo suficientemente maduros para asumir cualquier tipo de promoción o crecimiento.

La gratitud también se puede considerar como un sacrificio. Si no sentimos el deseo de hacerlo, o si las circunstancias no son propicias, la acción de gracias puede llegar a ser una ofrenda sacrificial, hecha por fe y obediencia debido a que amamos al Señor y queremos honrar y obedecer su Palabra.

La acción de gracias como sacrificio

Ofrece a Dios sacrificio de acción de gracias y paga tus votos al Altísimo.

—SALMO 50:14

Alaben la misericordia del Señor, y sus maravillas para con los hijos de los hombres; ofrezcan sacrificios de acción de gracias, y publiquen sus obras con júbilo.

—SALMO 107:21-22

Te ofreceré sacrificio de alabanza, e invocaré el nombre del Señor.

—SALMO 116:17

Note que en el Salmo 116:17 el autor dijo que invocaría el nombre del Señor, pero sólo después de haber ofrecido sacrificio de acción de gracias.

Yo sé que muchas veces he procurado que el poder de Dios en el nombre de Jesús venga en mi ayuda, mientras al mismo tiempo mi vida ha estado llena de quejumbre.

No existe ningún poder positivo en las quejas. Éstas sí tienen poder, pero negativo y maligno.

Si deseamos liberar el poder de Dios en nuestra vida, puede estar seguro que no vendrá mientras nos quejemos.

Alabe y dele gracias a Dios en todo momento

Así que, ofrezcamos siempre a Dios, por medio de él, sacrificio de alabanza, es decir, fruto de labios que confiesan su nombre.

—HEBREOS 13:15

Debemos alabar a Dios y darle gracias no solamente cuando tenemos una razón para hacerlo. Es fácil hacerlo cuando hay una razón. Pero entonces no es un sacrificio.

Debemos hacerlo en todo tiempo y momento, teniendo cuidado de agradecerle al Señor todas las bendiciones en nuestras vidas y los favores que nos ha dispensado. Si elaboráramos una lista de bendiciones veríamos cuánto bienestar nos ha dado. Consideramos naturales muchas cosas porque las poseemos en abundancia, mientras que la gente de otros países se consideraría rica si las tuviera.

El agua limpia y fresca es un buen ejemplo. En la India y en muchas otras partes del mundo, el agua es una comodidad difícil de obtener. Algunas personas tienen que caminar muchos kilómetros solamente para conseguir su porción de agua diaria, mientras nosotros nos duchamos, nadamos, lavamos los platos, el cabello, y cocinamos con ella, etc. Podemos tenerla fría o caliente con tanta frecuencia como queramos, y en la cantidad que deseemos. Hay ocasiones cuando estoy tomando una ducha caliente, especialmente si estoy cansada, y me detengo para darle gracias al Señor por el agua caliente.

Hay muchas cosas por las cuales estar agradecidos, si hemos de ser las personas que ofrecen continuamente a Dios sacrificio de acción de gracias. La carne busca cosas por las cuales quejarse, pero el espíritu busca razones por las cuales dar gloria a Dios.

En Filipenses 2:14 el apóstol Pablo nos advierte: *Hagan todas las cosas sin murmuraciones, sin andar buscando faltas y quejándose (contra Dios) cuestionándose y dudando (entre ustedes).*

Luego, en 1 de Tesalonicenses 5:18 nos exhorta: *Den gracias (a Dios) en todo (sin importar las circunstancias, sean agradecidos), porque esta es la voluntad de Dios para ustedes (que están) en Cristo Jesús (quien les ha revelado y es Mediador de esa voluntad).*

Finalmente, en Efesios 5:20 *escribe que debemos en todo momento y por todas las cosas, dar gracias a Dios el Padre en el nombre de nuestro Señor Jesucristo.*

En estos pasajes vemos que no solamente debemos evitar el refunfuño y la murmuración, la manía de criticar, las quejas y las dudas, sino que debemos también dar gracias en todo momento, en toda circunstancia y por todas las cosas. Eso no significa que debemos agradecer a Dios por las cosas negativas de nuestra vida, pero sí darle gracias en medio de ellas.

Honramos al Señor de manera especial cuando rehusamos quejamos en una situación que lógicamente sería motivo de queja.

Vaya más allá y no solamente niéguese a quejarse, sino escoja o decida también ser agradecido y dar gracias en medio de sus circunstancias.

Recuerde que debe hacerlo "deliberadamente" porque no siempre sentirá deseos de hacerlo. Usted puede liberar el poder en su propia vida.

¡Una vida llena de acción de gracias es una vida llena de poder!

No aflija al Espíritu Santo

Y no aflijan al Espíritu Santo de Dios *(no lo ofendan, agravien ni entristezcan)*, por quien fueron ustedes sellados *(marcados como pertenencia de Dios)* para el día de la redención *(la liberación final del mal y de las consecuencias del pecado, a través de Cristo)*.
—Efesios 4:30

Yo había escuchado este pasaje bíblico mucho tiempo antes de que comprendiera que afligir al Espíritu Santo está relacionado con la boca. Para entender adecuadamente este versículo necesitamos leer el contexto, es decir, algunos de los versículos anteriores y posteriores:

Que de su boca no se oiga nunca un lenguaje sucio o corrompido, ni palabras perversas, ni conversación malsana, solamente palabras que sean buenas y benéficas para el progreso espiritual de los demás, apropiadas para cada necesidad y ocasión, que sean bendición y den gracia *(favor de Dios)* a quienes las escuchan.

Y no aflijan al Espíritu Santo de Dios *(no lo ofen-dan ni lo agravien, ni lo entristezcan)*, por quien fueron ustedes sellados *(marcados como pertenencia de Dios)* para el día de la redención *(la liberación final, a través de Cristo, del mal y de las consecuencias del pecado)*.

Que toda amargura, indignación, ira *(pasión, cólera, mal temperamento)* y resentimiento *(enojo, animo-sidad)*, contiendas, pendencias, gritería *(discusiones)*, y calumnias *(palabras injuriosas, malignas o blasfe-mas)* desaparezcan de ustedes, junto con toda mali-cia y malevolencia *(rencor, mala voluntad y bajeza)* de cualquier tipo.

—EFESIOS 4:29-31

Basada en este pasaje, me parece que afligimos al Espíritu Santo cuando maltratamos a otros o les hablamos de mala manera. También se aflige cuando hablamos perversidades como conversaciones negativas, quejas y la murmuración; todo esta manera de hablar.

Basados también en este pasaje podemos ver que somos "sellados" por el Espíritu Santo. A veces yo visualizo este concepto como estar dentro de un saco o bolsa cerrada y sellada con un sello de seguridad. Nada que nos haga daño puede alcanzarnos, mientras tengamos mucho cuidado de no romper el sello.

Si ubicamos un pedazo de pan en una bolsa de este tipo, permanecerá fresco mientras no le entre aire a la bolsa. Pero si por descuido permitimos que el sello se rompa, el pan se pondrá viejo y duro en pocas horas.

Pienso que en nuestras vidas ocurre algo muy parecido. Si respetamos al Espíritu Santo, sin ofenderlo, afligirlo o entris-tecerlo, protegemos nuestro sello.

Un espíritu quejumbroso, criticón y juzgador

…ni aun se nombre entre vosotros….palabras deshonestas, ni necedades, ni groserías, que no convienen,
sino antes bien acciones de gracias

—Efesios 5:3-4

Pablo dice aquí que "en lugar de afligir, ofender o entristecer al Espíritu Santo, deben expresarle gratitud a Dios".

El espíritu quejumbroso, criticón y juzgador, debe ser absolutamente erradicado de la Iglesia.

¿Se ha quejado usted hoy?

De todos modos debe ser sincero ¡porque Dios lo sabe! Nunca podremos cambiar y lograr lo que debemos ser, a menos que primero enfrentemos la verdad y admitamos nuestra condición.

Quizá piense: "Bueno, sí, me he estado quejando, pero tengo una buena razón. Si usted hubiera sido tratada como me trataron a mí, si usted viviera la vida que yo vivo, también se quejaría".

Hace tiempo comprendí que las excusas de cualquier tipo me estancan, me permiten avanzar.

En Juan 8:31-32, Jesús dijo: *Si ustedes continúan en mi palabra, serán verdaderamente mis discípulos; y conocerán la verdad, y la verdad los hará libres* (paráfrasis de la autora). La verdad nos hará libres, pero debe ser aplicada e interiorizada en nosotros.

El Espíritu Santo está en la tarea de crear o producir convicción. Él es el Agente de la santificación. Él lleva a cabo en nosotros el proceso de la santidad. Jesús planta la semilla en nosotros, su propia semilla, y entonces el Espíritu Santo nos enseña la Palabra y riega la semilla. Como el Espíritu también nos considera un jardín o huerto de Dios en proceso de cultivo, amablemente nos mantiene libres de la maleza. Y las excusas son como malezas, si no se eliminan ahogan e impiden el fruto.

Yo era una quejumbrosa, criticona que tenía la costumbre de señalar las faltas de los demás.

De hecho tenía un problema grave en esta área. Y si yo pude ser libre de ese problema, cualquiera puede serlo. Tenía muchísimas circunstancias negativas reales en mi vida. Un largo trasfondo de abuso y maltrato, y lógicamente tenía mucho de qué quejarme. Pero el hábito de quejarme me mantenía estancada.

Me parece que las personas que tienen crisis en su vida, en la mayoría de los casos tienen un problema de adicción a la quejumbre y a la criticadera. Estos dos rasgos negativos siempre se manifiestan juntos.

Los problemas comienzan un ciclo: Primero una persona encuentra algunas circunstancias amargas o desagradables, y se queja, lo cual la mantiene sumida en las circunstancias. Luego Satanás añade más infelicidad, y hace que se queje más. Ahora esa persona tiene dos razones por las cuales quejarse.

A medida que el ciclo continúa, pronto la persona se sumerge en un mar de problemas y de quejas que se convierte en su estilo de vida. Se siente despojada y oprimida. También es frecuente que se sienta sola.

Las personas que poseen un espíritu crítico tienen dificultad para mantener amistades. Como son adictos a sus problemas, después de cierto tiempo los demás se cansan de oír sus lamentos y comienzan a evitar su compañía, a menos, claro está, que sean dos quejumbrosos semejantes, entonces tendríamos de dos infelices que se acompañan.

Quejarse es llamar al diablo.

En cierta ocasión yo tenía un perro a quien llamaba "Compa". Cuando estaba fuera y yo quería que entrara, lo silbaba y le decía: "Aquí, 'Compa', aquí". Pronto venía corriendo.

Así ocurre cuando nos quejamos. Con nuestras quejas llamamos al diablo quien presuroso viene a traer más infelicidad. Si usted y yo decidimos no quejarnos, de antemano le digo que será un tremendo desafío. Muchas veces no comprendemos cuánto nos quejamos hasta que alguien o algo (por ejemplo este libro) nos llama la atención al respecto.

¿Qué tan rápido nos impacientamos y comenzamos a quejarnos cuando estamos atascados en una congestión vehicular, o cuando hacemos fila frente a las cajas de los supermercados y las tiendas? ¿Somos dados a descubrir y señalar todas las faltas de nuestros amigos o miembros de la familia?

¿Nos quejamos de nuestro empleo cuando deberíamos dar gracias a Dios por tenerlo? ¿Nos quejamos de los precios altos en lugar de dar gracias al Señor por la capacidad que tenemos de comprar?

Podría extenderme mucho más en los ejemplos, pero creo que cada uno de nosotros identifica las áreas de su vida en las cuales tiende a quejarse.

Yo he tenido que enfrentar la dura verdad de que un espíritu crítico a menudo tiene como raíz el orgullo. Una persona orgullosa se indigna cuando es incomodada. La indignación es una actitud que dice: "Yo no debería estar en esta situación, sino ser tratado mejor por Dios o por la demás gente". Es la actitud de: "A miles les puede ocurrir, ¡pero no a mí!".

Hasta que nos humillemos y notemos cuan bendecidos somos con lo que tenemos, no cesaremos de quejamos por lo que nos falta.

Por ejemplo, mi esposo no es el tipo de hombre que me compra flores los días especiales, pero en cambio es muy adaptable, y alguien con quien es fácil llevarse bien. Hubo muchos cumpleaños, aniversarios, y días de amor y amistad durante los cuales consideré como una falta suya que no hiciera algo más. Él siempre me decía: "Si quieres algo, vamos y compramos cualquier cosa que esté dentro de mis posibilidades". Pero, claro, como soy mujer, quería que él recorriera a los centros comerciales buscando algo para luego darme la sorpresa. Refunfuñaba ante el Señor, me hervía la sangre, me enojaba, me sentía ofendida y herida, y me autocompadecía. Todo esto no me hacía ningún bien, ni cambiaba un ápice a mi marido.

Dave es un hombre absolutamente maravilloso, amable y generoso. Me permite hacer casi cualquier cosa que yo quiero, y está dispuesto a comprarme lo que deseo, si dispone del dinero para hacerlo. Es apuesto, cuida su aspecto físico, me dice "te quiero" casi a diario, y es muy afectuoso.

¡Yo puedo mirar lo que él no es, y sentirme infeliz, o puedo mirar lo que es y sentirme agradecida!

¡Además quién dijo que yo soy perfecta! Todos somos iguales. Tenemos nuestros puntos fuertes y débiles, y si hemos de tener buenas relaciones interpersonales, debemos especializamos en mirar los atributos y rasgos positivos, pasando por alto los negativos.

Una generación desagradecida

Pero entiendan esto, en los últimos días vendrán *(se manifestarán)* tiempos peligrosos que causarán preocupación, ansiedad y angustia *(difíciles de afrontar y soportar)*.

Porque habrá quienes serán amadores de sí mismos *(abiertamente)*, egoístas, amantes del dinero, codiciosos, deseosos de riquezas, orgullosos, desdeñosos, arrogantes y jactanciosos, que serán injuriosos *(blasfemos, burladores)*, desobedientes a los padres, desagradecidos, impíos y profanos.

—2 TIMOTEO 3: 1-2

Tal como Pablo lo predijo hace años, vivimos en una generación ingrata y desagradecida. Parece que mientras más tienen, menos lo aprecian.

Aunque nosotros como creyentes estamos en el mundo, debemos esforzamos por no ser como el mundo. Mientras más se quejen otros a nuestro alrededor, más gracias debemos dar a Dios.

Luz intensa en un mundo de tinieblas

Hagan todas las cosas sin murmuraciones, sin andar buscando faltas, quejándose *(contra Dios)*, cuestionándose y dudando *(entre ustedes).*

—FILIPENSES 2:14

...para que seáis irreprochables y sencillos, hijos de Dios sin mancha en medio de una generación maligna y perversa, en medio de la cual resplandecéis como lumbreras en el mundo...

—FILIPENSES 2:15

Este versículo enfatiza la idea que le estoy compartiendo. Debemos evitar la queja porque este es el espíritu del mundo en el día de hoy. Más bien mostrarle al mundo como es Dios.

Imitemos a Jesús y sigamos su ejemplo siendo luminares que brillan e iluminan este mundo de tinieblas.

Ahora se ha levantado una nueva generación de personas, algunas de las cuales no han sido educadas con principios piadosos. No se les ha enseñado nada acerca de Dios en la escuela, y tampoco a orar en el hogar. Han visto algunos tristes ejemplos de líderes espirituales que han caído públicamente, y debido a que no tiene bases sólidas, fácilmente llegan a la conclusión de que la "religión" es chatarra.

> Somos epístolas...conocidas y leídas por todos los hombre.
>
> —2 CORINTIOS 3:2

No necesitamos mostrarle la religión al mundo, la cual frecuentemente es hipócrita, pues le indica a otros lo que deben hacer, pero fracasa en la práctica. Es necesario mostrarles a Jesús mediante un estilo de vida que exalte sus principios. No debemos tomar con ligereza los versículos de Filipenses relacionados con la orden de no quejarnos, murmurar o criticar. Se nos ha mandado ser diferentes del mundo, para que podamos mostrar otra forma de vida.

Un reto diario

> ¡Regocíjense siempre en el Señor! Otra vez les digo que se regocijen. Que todo el mundo vea que ustedes no son egoístas y considerados en todo lo que hacen. Recuerden que el Señor vuelve pronto. No se preocupen por nada; oren por todas las cosas; cuéntenle al Señor sus necesidades y no se olviden de darle gracias por sus respuestas.
>
> —FILIPENSES 4:4-6

Usted y yo debemos asumir como un reto diario no quejarnos ni criticar nada ni a nadie. Eso no quiere decir que no corrijamos las situaciones que deben cambiar. No significa que vivamos con la cabeza entre las nubes, pretendiendo que no existe nada negativo. Significa sencillamente que nos proponemos la meta de ser tan positivos como sea posible.

No se queje porque hacerlo no genera ningún bien.

El problema comienza en el corazón y se expresa con la boca. Primero es necesario cambiar la actitud, y luego el fruto de los labios.

Trate de ir a la cama en la noche considerando cada motivo que tiene para ser agradecido o agradecida, y que dar gracias sea lo primero que usted hace en la mañana. Agradézcale al Señor por las cosas "pequeñas": ese estacionamiento que le ayudó a encontrar, despertarse a tiempo para ir al trabajo, el hecho de que puede caminar, ver u oír a sus hijos.

Desarrolle una "actitud de gratitud". Haga de ella un reto diario. No se desanime cuando falle, no tire la toalla ni se dé por vencido. Mantenga el esfuerzo hasta que desarrolle nuevos hábitos.

Somos buenos para orar por nuestras necesidades, para elevar nuestras peticiones delante del Señor. ¿Pero cuántos de nosotros recordamos darle gracias a Dios cuando llegan las respuestas? Disfrutamos dándole a nuestros hijos lo que necesitan y piden, pero sentimos como si abusaran de nosotros cuando sólo "toman las cosas y se van" sin dar gracias. Si son agradecidos porque recuerdan dar "gracias", especialmente si lo hacen más de una vez y con sinceridad, eso nos motiva a querer hacer más por ellos.

Dios hace lo mismo en su relación con nosotros.

Sea generoso cuando le expresa su gratitud al Señor, porque esto endulzará su relación con Él.

Quejándose por anticipado

¡Mirad cuán bueno y cuán delicioso es habitar los hermanos juntos en armonía!

—SALMO 133:1

En una ocasión mi hijo mayor David y su esposa vendieron una casa móvil y compraron una casa común y corriente. El único problema era que durante un mes, antes de mudarse a su nueva casa, no tenían dónde vivir. Naturalmente mi esposo y yo les dijimos que podían vivir con nosotros durante ese tiempo.

Es interesante que David y yo tuvimos dificultades en el pasado para llevarnos bien. Nuestras personalidades son bastante parecidas, ambos tenemos carácter fuerte, lo cual dificulta que dos personas vivan juntas. Desde ese tiempo siempre mantuvimos una buena relación. Él trabaja con nosotros y las cosas marchan bien, pero volver a vivir en la misma casa es otra historia. Nada negativo había ocurrido aún, pero ya mi mente estaba encontrando los "qué tal si...".

Dave y yo íbamos en el auto y ya mi boca quería comenzar a expresar palabras negativas sobre lo que podría ocurrir: "¿Qué tal si no queda agua caliente para mi ducha en la mañana cuando todos se hayan bañado? ¿Qué tal si hacen desorden y yo lo tengo que arreglar?".

Nada malo había ocurrido todavía. David y su esposa aún no se habían mudado. Y aún así mi boca ya quería declarar el desastre antes de tiempo.

Satanás quería que yo profetizara mi futuro. Quería que murmurara de mi situación por adelantado.

Si el diablo tiene éxito haciendo que nos volvamos negativos, estará en capacidad de creamos circunstancias negativas. A veces nosotros mismo llamamos los problemas. *Podemos llamar las cosas que no son, como si fueran,* sólo que lo hacemos en sentido negativo.

Como puede ver, estos buenos principios que aquí le comparto dan resultado no solo en sentido positivo, también en el negativo, si sembramos semillas negativas. Mi licuadora funciona sin importar lo que le ponga dentro. Si le echo helado y leche, me dará leche batida. Si le echo agua y tierra, producirá lodo. La licuadora funciona. Fue hecha para mezclar. Yo decido que le pongo dentro. Los ingredientes que le echo determinan la mezcla que obtengo.

Lo mismo ocurre con nuestra mente, nuestro corazón y nuestra boca. Lo que entra determina lo que sale, para bien o para mal.

David y Shelly vivieron con nosotros ese mes y todo marchó bien. La clave fue que conocía lo suficiente acerca de los principios para resistir la tentación de quejarme por adelantado. Ahora le animo a estar alerta contra esa actitud. Cuando fui tentada a pronunciar palabras negativas decidí creer y decir: "Todo saldrá bien mientras David y Shelly viven con nosotros. No habrá ningún problema. Estoy segura de que cada quien cooperará y será receptivo a las necesidades de los demás".

David y yo hicimos un chiste sobre nuestra convivencia de 30 días bajo el mismo techo. Como a los dos nos gusta tener la razón, él dijo:

"Te diré lo que haremos, mamá: turnémonos para tener la razón. Tú 15 días y yo los otros quince".

Ambos reímos y nos divertimos.

Siembre semillas para una cosecha futura

Sé vivir humildemente, y sé tener abundancia...
—Filipenses 4:12

Tal como lo vemos en su carta a los Filipenses, Pablo no se quejaba durante los tiempos duros o difíciles que a todos nos llegan, especialmente al comienzo.

En nuestro caso personal, Dios ha bendecido nuestro ministerio concediéndonos mucho favor y gracia. Tenemos la capacidad de realizar nuestras reuniones y seminarios en muchas grandes iglesias y centros de convenciones de todo el país. Pero no fue así al comienzo. Como le ocurre a toda la gente, nosotros también tuvimos un comienzo muy pequeño. Y hemos aprendido que no debemos menospreciar ni quejarnos de esos días (Zacarías 4:10).

Uno de los primeros recintos o auditorios que alquilamos en un hotel para realizar un seminario, resultó muy descompuesto y poco atractivo. Íbamos de nuestra casa en San Luis, Missouri, a otro estado, y habíamos alquilado el auditorio por teléfono, sin verlo. Desde luego que la gente del hotel nos había dicho que el recinto era hermoso y el servicio muy bueno.

Cuando llegamos el viento soplaba fuerte y lo primero que notamos era que varias láminas del techo estaban en el lote de estacionamiento.

Las sillas estaban en muy mal estado y el tapizado era un desastre. Estaban sucias, tenían residuos de comida o manchas.

El aire acondicionado no funcionaba bien, y a cada momento era necesario ajustar la temperatura en el salón, porque hacía mucho calor o mucho frío. Un empleado de mantenimiento tuvo que subir al techo por una escalera, durante la conferencia, y hacer ciertos ajustes porque los controles no estaban funcionando.

Considerando nuestra situación y sabiendo que no había nada que pudiéramos hacer, pues la primera reunión comenzaría dentro de cinco horas, todos comenzamos a quejarnos. Hicimos lo más "natural" en una situación así.

Inmediatamente el Espíritu Santo me comenzó a hablar y a impresionar en cuanto a que si lográbamos superar la situación durante los días siguientes sin quejarnos, estaríamos sentando una base sólida para el futuro. Me mostró que finalmente estaríamos en capacidad de utilizar los lugares más hermosos, pero que nunca seríamos "promovidos" a cosas mejores si no sembrábamos semillas para el futuro.

Quejarnos también hubiera sido sembrar semillas, pero semillas que hubieran producido más quejas de las que ahora expresábamos. Sembrar semillas de gratitud *en*, no *por* la situación que enfrentábamos, produjo un abundante cosecha posteriormente.

Reuní todo el equipo (que en ese entonces estaba conformado por seis personas) y les dije lo que el Espíritu Santo me estaba mostrando. Todos convinimos en no quejarnos acerca de nada en el hotel. Deliberadamente buscamos cosas positivas de las cuales pudiéramos hablar bien.

El resultado fue que tuvimos reuniones exitosas y aprendimos una lección vital que nos produciría enormes dividendos en el futuro.

Una prueba de las cosas buenas que vendrían

Y así Abraham, habiendo esperado largamente y soportado pacientemente, se dio cuenta y obtuvo *(por el nacimiento de Isaac, una prenda de lo que estaba por venir)* lo que Dios le había prometido.

—HEBREOS 6:15

En este versículo, el escritor de la carta a los Hebreos declara que Isaac era prenda de lo que vendría.

Dios no le prometió a Abraham un solo bebé; le prometió que sería padre de muchas naciones. Muchas personas tienen hoy una "prenda", o una pequeña prueba de las cosas buenas que Dios tiene para ellos en su plan.

En el primer libro de Reyes 18, después del largo período de sequía que Elías había profetizado, Dios le dijo que fuera y le dijera al malvado rey Acab que vendría la lluvia. Elías declaró la Palabra de Dios por fe, sin aún tener señales visibles de ella. Luego se fue a la cumbre de una montaña y comenzó a orar. Mientras oraba envió a su sirviente a un punto más alto para escrutar el cielo. Seis veces el criado fue y regresó con el informe de un cielo radiante, sin una sola nube. Finalmente, en la séptima ocasión, informó: "Veo una nube del tamaño de la mano de un hombre". En la inmensa expansión de los cielos eso era algo muy pequeño, pero suficiente para que Elías se sintiera motivado a dar el siguiente paso de fe. Él envió palabra a Acab: *Unce tu carro y desciende para que la lluvia no te ataje* (versículo 44).

Esa nubecita, aunque muy pequeña, fue el comienzo de un gran torrencial (versículo 45). Fue una prenda o prueba de las buenas cosas que vendrían.

Solo una semilla

¿Quién menosprecia *(con razón)* el día de las cosas pequeñas...?

—ZACARÍAS 4:10

Probablemente la mayoría de nosotros que cree y espera que Dios nos conceda algo, pueda encontrar evidencia de un pequeño comienzo: una pequeña semilla, una nube del tamaño de la mano de un hombre.

Regocíjese de tal semilla. Es una señal de que grandes cosas vendrán. No maldiga su semilla quejándose de ella.

Dios nos da semillas, tal vez algo que alienta nuestra esperanza, algo pequeño quizá, pero algo es mejor que nada. Debemos decir: "Señor, aunque sólo es algo pequeñito, gracias por darme algo de esperanza, algo a que aferrarme. Gracias, Señor, por el comienzo".

Coja esa semilla y plántela con fe.

El Espíritu Santo me mostró que yo estaba desperdiciando muchas de mis semillas.

Cuando menospreciamos algo que Dios nos da tomándolo con ligereza. No prestándole atención ni dándole ningún valor.

Y *si perdemos la semilla, jamás veremos la cosecha.*

Parte de Hebreos 13:5 dice en esencia: Estén *contentos con lo que tienen.*

Seamos como Pablo: Aprendamos a vivir humildemente y a tener abundancia, a estar contentos en ambas situaciones, sabiendo que son las dos partes del mismo cuadro.

Este versículo sigue diciendo:...*porque Él dijo: No te desampararé, ni te dejaré.*

Debido a esto es que podemos estar contentos, por la fe, durante los pequeños comienzos. Sabemos que el Señor es el Autor y Consumador (Hebreos 12:2). Lo que Él comienza, lo termina (Filipenses 1:6). Él hará eso con nosotros, si mantenemos nuestra fe hasta el final (Hebreos 3:6).

Capítulo 7

Crucemos al otro lado

Ya no hablaré mucho con ustedes, porque el príncipe
de este mundo *(el genio perverso que lo gobierna)*
ya viene. Y no tiene nada que demandar de mí
*(No tiene nada en común conmigo; nada hay en mí
que le pertenezca, y no tiene ningún poder sobre mí).*
—Juan 14:30

Él fue oprimido *(sin embargo),* pero cuando se le afligió
se sometió y no abrió su boca; como un cordero que
es llevado al matadero, y como una oveja delante de
sus trasquiladores, enmudeció y no abrió su boca.
—Isaías 53:7

Uno de los tiempos más difíciles para disciplinar nuestra
mente, nuestra boca, nuestras maneras y actitudes, es
durante una tormenta. Todos experimentamos las tormentas de la vida en diferentes grados, todos debemos soportar

el examen y la prueba de nuestra fe y, ¡todos debemos aprender a comportamos durante las tormentas!

Pasajes bíblicos como Juan 14:30 e Isaías 53:7 siempre me han intrigado. Yo no comprendía de manera clara el mensaje que transmiten hasta que el Espíritu Santo me reveló que está relacionado con la boca y la tormenta.

Cuando Jesús sufría la más intensa presión, "decidió" que era sabio no abrir su boca. ¿Cuál fue la razón? Creo que en su humanidad hubiera sido tentado a hacer lo mismo que usted y yo: dudar, cuestionar a Dios, quejarse, decir algo negativo, etc.

Hasta un cristiano muy maduro, sometido a presión, dice lo que no debería, si la presión es suficientemente intensa y prolongada.

Jesús es el Hijo de Dios, Él mismo es Dios, pero llegó hasta nosotros como un ser humano. El autor de la carta a los Hebreos, dice:...*fue tentado en todo según nuestra semejanza, pero sin pecado* (Hebreos 4:15).

Creo que cuando el Señor enfrentó situaciones de prueba durante las cuales sabía que sería tentado a decir palabras improductivas, deliberadamente decidió y declaró que estaría más callado de lo usual.

Esta es la decisión sabia que cualquiera debe tomar en momentos de tensión. En lugar de expresar las emociones contrariadas y los sentimientos heridos, es mejor guardar silencio y esperar que la tormenta emocional amaine.

Las bendiciones vienen en camino

Ese mismo día, cuando llegó la noche, les dijo: Pasemos al otro lado *(del lago).*

—Marcos 4:35

Siempre es emocionante cuando Jesús nos dice: "¡Hagamos algo nuevo!" Para mí esta frase: "¡Pasemos al otro lado!" equivale a decir: "¡Llega una promoción, un avance, un aumento, algo mejor!" "¡vienen las bendiciones!", "¡vamos para arriba! o cualquier variedad de frases que el Señor utiliza para comunicarnos que es tiempo de cambio.

Estoy segura que los discípulos emocionados esperaban ver lo que pasaría "al otro lado". ¡Lo que no esperaron o previeron fue una fuerte tormenta en el camino!

La fe es para los intermedios

Y se levantó una fuerte tormenta de viento *(con proporciones de huracán)*, y las olas azotaban la barca y ya casi se anegaba.

Pero Él *(mismo)* estaba en la popa *(de la barca)* durmiendo sobre un cabezal; y lo despertaron diciéndole: Maestro, ¿no te importa que perezcamos?

—MARCOS 4:37-38

Probablemente los discípulos no estaban tan emocionados en el intermedio como lo estuvieron al comienzo.

Aunque con frecuencia Dios nos invita a zarpar hacia un nuevo destino, generalmente no nos muestra lo que va a ocurrir en la ruta. Abandonamos la seguridad del lugar donde nos encontramos y nos dirigimos hacia las bendiciones del otro lado pero, frecuentemente, es en el trayecto intermedio donde encontramos las tormentas.

A menudo el intermedio, la mitad del trayecto, es un lugar o tiempo de prueba.

¡La tormenta estaba en todo su apogeo y Jesús dormía! ¿Se le hace familiar? ¿Ha tenido momentos en los cuales ha sentido que se hundía con rapidez, mientras Jesús estaba dormido? ¿Oraba y oraba y no escuchaba la voz de Dios? ¿Pasaba tiempo con Dios en oración y procuraba sentir su presencia, pero sin importar lo duro que luchara contra el viento y las olas, la tormenta seguía rugiendo y no sabía qué hacer?

Es común llamar esos tiempos como "la hora de la media noche" o "la noche oscura del alma".

Esta tormenta que los discípulos enfrentaron no fue cualquier llovizna de abril, o una inofensiva borrasquita de verano, *sino una tormenta con proporciones de huracán*. Las olas no se mecían con suavidad, sino que golpeaban la barca con tal furia que ésta ya casi se anegaba.

Eso hubiera asustado a cualquiera.

Es en momentos como este, cuando parece que el barco se hunde con nosotros, que debemos "usar" nuestra fe. Podemos hablar acerca de la fe, leer libros, oír sermones y entonar canciones sobre la fe, pero es durante las tormentas que debemos usar la fe.

Y es en esos momentos cuando descubrimos cuánta fe tenemos en realidad.

La fe, como los músculos, se fortalece con el "uso", no hablando de ella. Cada tormenta que atravesamos nos equipa para enfrentar la siguiente de una mejor manera. Al pronto llegar a ser como el buen navegante, las tormentas no nos preocupan. Como ya hemos pasado por ellas sabemos cómo terminarán.

¡Todo estará bien!

Según la Biblia somos más que vencedores (Romanos 8:37). Para mí esto significa saber que venceremos aun antes de que la batalla comience. Para llegar a la meta debemos atravesar la tormenta, lo cual no siempre es divertido, pero qué bendición saber que en Cristo Jesús tenemos la victoria.

> *La fe es para ese tiempo cuando aún no tenemos la manifestación de lo que esperamos. La fe es para el intermedio.*

No se requiere una fe tremenda para comenzar algo. Tanto el principio como el final son momentos emocionantes, pero... ¡ay del intermedio! Sin embargo, todos debemos cruzar la mitad, el intermedio, para poder llegar al otro lado.

Jesús quiso que sus discípulos le creyeran. Les había dicho: *Pasemos al otro lado,* y esperaba que creyeran que si Él lo había dicho, así ocurriría. Pero como nosotros, ellos sintieron temor.

La tormenta calmada, los discípulos reprendidos

> Él, levantándose, reprendió al viento, y dijo al mar: ¡Calla, enmudece! Entonces cesó el viento y sobrevino una gran calma.
>
> Y les dijo: ¿Por qué estáis así amedrentados? ¿Cómo no tenéis fe?
>
> Entonces sintieron un gran temor, y se decían el uno al otro: ¿Quién es este, que aun el viento y el mar lo obedecen?
>
> —Marcos 4:39-40

Jesús calmó la tormenta, pero reprendió a los discípulos por su falta de fe.

¿Por qué lo hizo?

Para nuestro futuro es vital que crezcamos en la fe, la cual es confianza en Dios. Si Jesús nos permitiera estar temerosos y continuara calmando todas las tormentas de nuestra vida, sin corregirnos, jamás aprenderíamos a pasar al otro lado.

Algo que tiene que cambiar es nuestra reacción ante las tormentas de la vida. Es cierto que debemos crecer en autocontrol y disciplina de la boca. Como ya lo hemos notado, no podemos "domar la lengua" sin la ayuda de Dios, pero Él tampoco hará todo por nosotros.

¡Aguante! ¡la ayuda viene en camino!

Mantengamos firme, sin fluctuar, la profesión de nuestra esperanza, porque fiel es el que prometió.
—HEBREOS 10:23

No es suficiente ser positivos y hablar con fe cuando todas nuestras circunstancias son positivas.

Es tiempo de pasar al otro lado, de ir hacia arriba.

Es tiempo de mantener nuestra profesión o confesión de fe (Hebreos 10:23), y sacudirnos de las tormentas, sabiendo que Dios lo ve todo, incluyendo esas tormentas. Como Él es fiel podemos agarrarnos de su mano y estar seguros de que no nos dejará hundir.

Una fuente con agua dulce y amarga

De una misma boca proceden bendición y maldición. Hermanos míos, esto no debe ser así.

¿Acaso alguna fuente echa por una misma abertura agua dulce y amarga?
—SANTIAGO 3: 10-11

Debemos esforzarnos por eliminar "la doble manera de hablar", diciendo una cosa en los buenos momentos, y otra en los malos.

Debemos esforzarnos por no ser fuentes de las que sale agua dulce en los momentos dulces, y amarga en los momentos amargos.

Jesús estuvo sometido a las mismas presiones y tentaciones nuestras, y sin embargo siempre fue el mismo (Hebreos 13:8). Tuvo que disciplinar su boca, su conversación, durante las tormentas de la vida, y nosotros debemos seguir su ejemplo.

Controlar nuestra lengua debe ser nuestra meta. Esto es signo de madurez y una manera de glorificar a Dios.

Refrene su lengua

Si alguno se cree religioso entre vosotros, pero no refrena su lengua, sino que engaña su corazón, la religión del tal es vana.

—SANTIAGO 1:26

¡Mi querido amigo, esta es una declaración bien fuerte! Podemos hacer todo tipo de "buenas obras" para que se diga que son producto de nuestras convicciones, pero si no "refrenamos la lengua" todas ellas son inútiles.

No sé qué pensará usted, pero para mí esta declaración hace más serio el asunto de las palabras, la lengua y la boca.

La definición de brida o freno según el diccionario, es: "elementos que se colocan en la boca de los caballos para controlarlos y guiarlos".

Si no refrenamos nuestra lengua en medio de las tormentas de la vida, quizá jamás experimentaremos liberación de las mismas. El Espíritu Santo será nuestra brida si aceptamos Su guía y Su dirección.

¡Ponga un freno en su boca!

He aquí nosotros ponemos freno en la boca de los caballos para que nos obedezcan y dirigimos así todo su
cuerpo.

Mirad también las naves: aunque tan grandes y llevadas de impetuosos vientos, son gobernadas con un muy
pequeño timón por donde el que las gobierna quiere.

Así también la lengua es un miembro pequeño, pero
se jacta de grandes cosas. He aquí, ¡cuán grande bosque enciende un pequeño fuego!

—Santiago 3:3-5

Estos versículos indican que la lengua dirige todo el resto
de nuestra vida. Uno diría que nuestras palabras nos trazan
límites, y que debemos vivir dentro de esos límites.

La lengua es un miembro tan pequeño del cuerpo, pero
puede realizar grandes cosas. Sería maravilloso si todas ellas
fueran buenas, pero no lo son. Algunas relaciones se arrui-
nan por la lengua. Puede provocar divorcios, y lo hace con
frecuencia. Las personas son heridas emocionalmente por la
lengua de alguien, y no siempre se recuperan. Algunas personas ancianas aún tienen heridas causadas por palabras que
les dijeron en su niñez. Sí, en efecto, la lengua puede ser un
miembro pequeño, ¡pero qué poder el que tiene!

El freno que se pone en la boca de los caballos también
es muy pequeño, pero los controla y dirige. El diccionario
define el freno o bocado como "la pieza de metal de la brida que detiene o refrena al animal…Algo que controla…".

Necesitamos un freno en la boca, pero no nos será impues-
to, debemos elegirlo voluntariamente. El Espíritu Santo des-
empeña la función de ese freno si escogemos ser dirigidos y
guiados por Él. Cuando empezamos a decir cosas incorrectas,

lo sentiremos procurando dirigirnos en la dirección correcta. Él siempre está obrando en nuestras vidas, esforzándose por mantenernos libres de problemas. Debemos tener gran aprecio por su ministerio.

El Espíritu Santo como freno y brida

No seáis como el caballo, o como el mulo, sin entendimiento, que han de ser sujetados con cabestro y con freno, porque si no, no se acercan a ti.

—SALMO 32:9

Si el caballo no obedece el tirón o la presión de la brida y del freno que hay en su boca, siente dolor.

En realidad ocurre lo mismo con nosotros y nuestra relación con el Espíritu Santo. Él es nuestra brida y freno en la boca. Él debe controlar las riendas de nuestra vida. Si aceptamos y seguimos su control y dirección llegaremos al lugar correcto y nos mantendremos alejados de los lugares equivocados. Pero si no los seguimos, sentiremos mucho dolor al final.

La boca tiene mente propia

…derribando argumentos y toda altivez que se levanta contra el conocimiento de Dios, y llevando cautivo todo pensamiento a la obediencia a Cristo.

—2 CORINTIOS 10:5

En tiempos de prueba la boca parece tener mente propia. A veces siento que la mía tiene un motor adentro y que alguien le dio arranque y lo puso en marcha antes de que comprendiera lo que estaba ocurriendo.

También es muy importante ser responsable con los pensamientos, porque ellos conforman la fuente de donde provienen nuestras palabras. Satanás nos envía pensamientos como: "no puedo seguir así", y pronto comprendemos que la boca ya se ha comprometido y está verbalizando o expresándolos.

Debido a que el problema comienza con los pensamientos, el remedio debe comenzar con ellos también. Debemos llevar cada pensamiento cautivo a la obediencia a Cristo Jesús. "Echar fuera" las imaginaciones incorrectas (2 Corintios 10:5).

La mente es el campo de batalla, y debe ser renovada completa mente para poder experimentar el buen plan de Dios (Romanos 12:1-2).

Si la mente no es controlada, la boca jamás lo será.

Hablando de control mental, es interesante notar que los hechiceros procuran controlar los pensamientos de la gente. Aprender a proyectar pensamientos perversos en las personas desprevenidas es una de sus prioridades.

Lo que aprendemos de esto es que Satanás quiere controlar nuestra mente. El Espíritu Santo también quiere controlar nuestra mente, pero jamás lo hace por la fuerza. Es nuestra elección. Él desea guiarnos hacia la dirección correcta, dándonos convicción, o llamando nuestra atención cuando pensamos de manera incorrecta y equivocada. Entonces, somos nosotros quienes elegimos echar fuera los malos pensamientos y dar cabida a los que producen buenos frutos, tal como se nos enseña en Filipenses 4:8:

...todo lo que es verdadero, todo lo honesto, todo lo justo, todo lo puro, todo lo amable, todo lo que es de buen nombre; si hay virtud alguna, si algo digno de alabanza, en esto pensad.

En el Salmo 19:14 el salmista ora de esta manera: *¡Sean gratos los dichos de* mi *boca y la meditación de* mi *corazón delante de* ti, *Jehová, roca mía y redentor mío!* Note que menciona tanto la boca como el corazón, porque ambos actúan al mismo tiempo.

Pienso que algunas personas procuran controlar la boca pero no hacen nada para controlar los pensamientos. Es como arrancar sólo la parte externa de la maleza; a menos que se arranque también la raíz, la maleza siempre retoñará.

Ordene su conversación

Bienaventurados *(felices, afortunados, dignos de envidia)* son los no perversos *(los rectos, realmente sinceros e intachables)* de camino *(de la revelada voluntad de Dios)* quienes andan *(ordenan su conducta y conversación)* en la ley del Señor *(en toda su voluntad revelada).*
—SALMO 119:1

Debemos ordenar nuestra conversación de acuerdo con la voluntad de Dios.

Cuando se encuentre en un momento de prueba, procure no sólo mirar dónde está y qué ocurre en ese preciso momento; mírese a sí mismo y a sus circunstancias a través de los ojos de la fe.

Ha dejado la orilla, ahora se encuentra en medio del mar y la tormenta golpea con furia, pero llegará al otro lado. Las bendiciones le esperan en la otra orilla, así que, ¡no salte del barco!

Muchas personas decaen, se descarrían o fracasan durante los retos, y en parte se debe a que no han aprendido a caminar.

Como una prueba es lo suficientemente desalentadora en sí misma, no necesitamos añadirle insultos y deprimirnos hablando negativamente.

En Deuteronomio 26:14 se le ordenó a los israelitas llevar sus ofrendas al Señor y decir: *No he comido mi diezmo en tiempo de lamento y luto...* A veces cuando la gente enfrenta tiempos de prueba comienza a comerse su propio diezmo en lugar de dárselo a Dios. Como resultado se desvían en cuanto a dar al Señor. ¿Cuál es la razón? Porque es difícil obedecer al Señor durante la adversidad personal.

El diablo susurra al oído: "Ese asunto de diezmar no da resultado. Mejor es que no lo sigas haciendo". La boca entonces dice: "Es verdad, no da resultado; mejor uso este dinero para mis necesidades, porque a mí nadie me ayuda".

Recuerde que Satanás no quiere que usted pase al otro lado. Él no desea que progrese. Quiere verlo dando marcha atrás y regresando al lugar donde estaba.

Cuando Jesús contó, la parábola del sembrador y la semilla según Marcos 4, el terreno representaba diferentes tipos de corazones que recibieron la Palabra. Cuando mencionó la semilla que fue sembrada en terreno pedregoso, según el versículo 17, dijo:... *pero no tienen raíz en sí, sino que son de corta duración, porque cuando viene la tribulación o la persecución por causa de la Palabra, se ofenden* (se disgustan, se indignan, se resienten) *tropiezan y caen.*

Algunas personas se descarrían durante la tribulación. Jesús dijo en el evangelio de Juan 16:33 que en esos momentos debemos cobrar ánimo porque Él venció al mundo por nosotros: *Estas cosas os he hablado para que en* mí *tengáis* (perfecta) *paz. En el mundo tendréis aflicción* (pruebas, angustia y tribulación), *pero confiad* (recobren el aliento; tengan certeza, no se intimiden), *yo he vencido al mundo* (lo he privado del poder de hacerles daño y lo he conquistado para ustedes).

Estas son verdades que necesitamos recordar y repetir.

¿Vivirán estos huesos?

La mano de Jehová vino sobre mí, me llevó en el Espíritu de Jehová y me puso en medio de un valle que estaba lleno de huesos. Me hizo pasar cerca de ellos, a su alrededor, y vi que eran muchísimos sobre la faz del campo y, por cierto, secos en gran manera. Y me dijo:

—Hijo de hombre, ¿vivirán estos huesos?

Yo le respondí:

—Señor, Jehová tú lo sabes.

Me dijo entonces:

—Profetiza sobre estos huesos, y diles: "¡Huesos secos, oíd palabra de Jehová!

—Ezequiel 37:1-4

Quizá usted sienta que su vida no es más que huesos muertos y secos. Sus circunstancias, como huesos, están tan muertas que hasta hieden. Su esperanza puede parecer perdida, pero permítame mostrarle el camino de Dios.

En la continuación de este pasaje el profeta hace lo que Dios le ordena, y ve como Él revive y le da de nuevo aliento y espíritu a los que una vez fueron sólo huesos muertos y secos.

Lo mismo puede ocurrir con usted y conmigo. Pero no sucederá hasta que lleguemos a ser voceros de Dios y profeticemos Su Palabra. Ya no podemos seguir diciendo palabras ociosas e inútiles y permitir que, bajo presión, nuestra boca tome el control.

¡Lázaro, ven fuera!

Estaba enfermo uno llamado Lázaro, de Betania, la aldea de María y de Marta, su hermana.

(María, cuyo hermano Lázaro estaba enfermo, fue la que ungió al Señor con perfume y le secó los pies con sus cabellos).

Enviaron, pues, las hermanas a decir a Jesús: Señor, el que amas está enfermo.

—JUAN 11:1-3

En Juan capítulo 11 se registra la enfermedad y muerte de Lázaro. Cuando Jesús entró en escena, Lázaro ya tenía cuatro días de muerto. Saliendo al encuentro de Jesús, Marta le dijo:... *Señor, si hubieras estado aquí,* mi *hermano no habría muerto* (versículo 21). Más tarde su hermana María le dijo exactamente lo mismo:... *Señor, si hubieras estado aquí, no habría muerto* mi *hermano* (versículo 32).

Todos en ocasiones nos sentimos así. Pensamos que si Jesús hubiera llegado tan solo un poco antes, la situación no sería tan mala. Estoy segura de que los discípulos sintieron que su situación hubiera sido diferente si Jesús no se hubiera quedado dormido en la parte trasera de la barca.

En Juan 11: 23-25 vemos cómo Jesús respondió a esas palabras desesperanzadas y desesperadas:

Jesús le dijo: Tu hermano resucitará.

Marta le dijo: Yo sé que resucitará en la resurrección, en el día final.

Le dijo Jesús: Yo soy la resurrección y la vida; el que cree en mí, aunque esté muerto, vivirá.

Usted conoce el resto de la historia. Jesús llamó a Lázaro, un hombre que había estado muerto durante cuatro largos días, para que se levantara de la tumba, y él lo hizo, totalmente restaurado. Si Jesús puede resucitar un muerto, con toda seguridad también puede resucitar una circunstancia muerta.

Podemos ver en la experiencia de Ezequiel con los huesos secos y en el relato de la resurrección de Lázaro, que no importa qué tan malas parezcan las circunstancias, Dios tiene una solución. Pero recuerde, existen leyes espirituales que debemos respetar para poder ver el milagroso poder de Dios y una de estas leyes es ilustrada en el relato de la mujer con flujo de sangre.

Dígaselo a sí mismo constantemente

Pero una mujer que desde hacía doce años padecía de flujo de sangre, y había sufrido mucho a manos de muchos médicos, y había gastado todo lo que tenía, y de nada le había servido, antes le iba peor, cuando oyó hablar de Jesús se acercó por detrás entre la multitud y tocó su manto...

—MARCOS 5: 25-27

¿Qué pasó con la mujer que padecía flujo de sangre? Había tenido ese problema durante 12 años. Había sufrido muchísimo y nadie la había podido ayudar.

Seguramente la atacaban pensamientos de desesperanza. Cuando pensó acercarse a Jesús, probablemente escuchó decir: ¡No hay caso! Pero siguió adelante en medio de la multitud que, por ser tan grande la sofocaba. Como tocó el borde del manto de Jesús la virtud sanadora fluyó en ella y fue sanada (paráfrasis de los versículos 29-34).

Pero hay una parte que no debemos perder: *Porque ella se mantuvo diciendo: si tan solo toco Su manto, mi salud será restaurada* (Marcos 5:28).

¡Ella se mantuvo diciendo! ¡Se mantuvo diciendo! ¿Capta la idea? ¡Ella se mantuvo diciendo!

Sin importar lo que sentía; a pesar de los esfuerzos de otros por desanimada; aunque era un problema de 12 años; aunque parecía imposible penetrar la multitud, esta mujer logró su milagro. Jesús le dijo que fue su fe la que la había sanado (versículo 34). Y su fe obró mediante sus palabras.

La fe debe ser activada si ha de funcionar, y una forma de activarla es mediante nuestras palabras.

¡Dígaselo a sí mismo constantemente, y no renuncie a la esperanza!

Prisioneros de esperanza

Retornen a la fortaleza *(de seguridad y prosperidad)* ustedes prisioneros de esperanza; hoy les anuncio que les restauraré el doble de su prosperidad anterior.

—Zacarías 9:12

Acabamos de ver tres situaciones: huesos secos restaurados, muertos resucitados, y una enfermedad incurable sanada totalmente. Cada una de estas tres "tormentas" eran circunstancias imposibles para el hombre, pero para Dios todo es posible (Mateo 19:26).

Hace poco, cuando estábamos en una tormenta, el Espíritu Santo me guió a este pasaje de Zacarías, el cual nunca antes había leído. Es como si un tesoro hubiera estado escondido, y esperando el momento cuando yo realmente lo necesitara.

Como "prisioneros de la esperanza" debemos llenarnos de esperanza, pensar con esperanza, y hablar de esperanza. La esperanza es el fundamento, la base sobre la cual se yergue la fe.

Algunas personas tratan de tener fe después de que han perdido toda esperanza.

Y no da resultado.

Niéguese a perder la esperanza sin importar qué tan secos parezcan los huesos, cuán muerta o desesperada pueda ser la situación, o qué tan prolongado sea el problema.

Dios aún es Dios, y esta Escritura nos dice que si decidimos permanecer positivos y ser "prisioneros de la esperanza", Él nos restaurará el doble todo lo que hayamos perdido.

Oración por el control de la boca

Pon guarda a mi boca, oh Señor; guarda la puerta de mis labios.

—Salmo 141:3

Yo hago esta misma oración al Señor frecuentemente porque sé que diariamente necesito Su ayuda con mi boca. Deseo que el Espíritu Santo me redarguya, me llame la atención cuando hablo demasiado, digo cosas que no debo, hablo negativamente, me quejo, soy áspero o cuando de alguna manera mis "palabras son perversas"

Cualquier palabra en nuestra conversación que ofenda al Señor debe ser eliminada. Por eso necesitamos orar continuamente: *Pon guarda a mi boca, oh Señor; guarda la puerta de mis labios.* Otro importante pasaje bíblico sobre este tema es el Salmo 17:3: *He hecho el propósito de que mi boca no hable transgresiones.*

Como ya lo mencioné, debemos proponernos hacer lo recto en esta área. Lo que hagamos en esta vida de fe, debemos hacerlo con propósito.

La disciplina es una opción. No es algo necesariamente fácil, pero comienza con una decisión de calidad.

Cuando estamos cruzando al otro lado y de repente, en medio de la jornada encontramos que la tormenta azota, debemos, definitivamente, proponernos guardar nuestra boca de las transgresiones.

Es entonces cuando debemos hacer esta oración.

Otra oración bíblica que yo hago regularmente se encuentra en el Salmo 19:14: *¡Sean gratos los dichos de* mi *boca y la meditación de* mi *corazón delante de* ti, *oh Señor, roca mía y redentor mío!*

Haga de la Palabra su oración. Nada capta la atención de Dios con mayor rapidez. Ella es portadora del poder del Espíritu Santo.

Haga que estas Escrituras sean el clamor de su corazón. Sea sincero en su deseo de lograr la victoria en esta área, y mientras busca la ayuda de Dios, notará que usted está cambiando.

Es lo que el Señor ha hecho conmigo, y Él no hace acepción de personas (Hechos 10:34). Todos los que siguen las normas ordenadas por Dios, obtienen los resultados ordenados por Él.

Haga esta oración de compromiso; ejercite el autocontrol de su boca:

Señor, pido tu ayuda para que desarrolles en mí sensibilidad al Espíritu Santo sobre mi manera de hablar. No quiero ser terca (o terco) como un caballo o un mulo que no obedecen sin una brida o freno. Quiero moverme en la dirección que tú me indiques con tan solo un toquecito de tu parte.

Pido tu ayuda durante las tormentas de la vida, es decir, mientras cruzo al otro lado. Siempre necesito tu ayuda, Señor, pero estos son tiempos especiales de tentación.

Pon guarda a mi boca y que mis palabras sean aceptables ante ti, oh Señor, fortaleza y redentor mío.

En el nombre de Jesús, amén.

Capítulo 8

¿Lo que expresa su boca demuestra que usted es salvo?

…realicen (cultiven, consigan el objetivo, completen) su propia salvación con reverencia (sin confiar en sí mismos, con sumo cuidado, con sensible conciencia, vigilantes ante la tentación, confesando con candidez cualquier cosa que ofenda a Dios y deshonre el nombre de Cristo).
—Filipenses 2:12

Recuerdo cuando Dios habló a mi corazón, diciendo: "Joyce, ya es tiempo de que tu boca demuestre que eres salva". Esto puede parecer extraño, pero es cierto.

Es posible ser salvo, es decir, ser cristiano y no parecerlo. Un individuo puede ser hijo de Dios, y no hablar como tal.

Lo sé porque yo era una de esas personas.

No es suficiente ser salvo o salva, la boca, la forma de hablar, debe también demostrarlo. Esto es parte del proceso al cual se refiere el apóstol Pablo cuando dice: *realicen su propia salvación.*

¿Qué significa exactamente *realizar nuestra salvación?*

En Efesios 2:8-9, Pablo, quien escribió esta frase a los Filipenses, afirmó claramente que la salvación no se puede ganar, que es dada por la gracia de Dios y que la recibimos mediante la fe; que no es una recompensa por las buenas obras, para que nadie se gloríe.

Sin algo de comprensión, estos dos pasajes de Filipenses pueden parecer contradictorios.

El Nuevo Nacimiento, el envío de su Hijo Jesucristo a vivir en nosotros, el darnos Su Espíritu Santo y crear en nosotros un nuevo corazón, es algo que sólo Él puede hacer por su gracia, misericordia, amor y bondad. Él hace todo el trabajo, y nosotros recibimos el don gratuito por la fe.

Realizar la salvación que nos ha dado de manera gratuita es exactamente otra fase de nuestro caminar con ÉL Podríamos decir que Él deposita una semilla en nosotros, y que luego cooperamos con la obra del Espíritu Santo para que esa semilla crezca y llegue a ser una planta que ocupa toda nuestra vida.

Cultive la semilla

Ahora bien, a Abraham fueron hechas las promesas, y a su descendencia. No dice: Y a los descendientes, como si hablara de muchos, sino como de uno: Y a tu descendencia, la cual es Cristo.

—Gálatas 3:16

La Biblia se refiere a Jesucristo como "la Simiente". Me gusta el término simiente o semilla, porque eso significa que si tengo una semilla, puedo tener una cosecha.

Jesús es la Semilla de todo lo bueno que Dios quiere que tengamos. Es Dios quien planta la Semilla, pero somos nosotros quienes debemos cultivarla, alimentarla, regarla y cuidarla. El terreno en el cual se planta debe ser arado y surcado, y guardado libre de malezas.

Nuestros corazones y nuestras vidas son el terreno. Todo lo que en él hay que cambiar o remover, no se puede hacer al tiempo. Es un gran trabajo y sólo el Espíritu Santo sabe el "cuándo y el cómo" apropiados para realizarlo. Mientras obra en nosotros sobre ciertos asuntos, debemos someter nuestra voluntad a Él, lo cual significa someter la carne a la guía y dirección del Espíritu.

Si alguno de nosotros quisiera regresar al punto de partida de nuestro caminar con Dios, e hiciera un inventario de todas las cosas que han cambiado en su vida, se sorprendería de la diferencia entre lo que era entonces y lo que es ahora.

Recuerdo que, al comienzo, Dios trató conmigo acerca de la independencia, diciéndome que no podría hacer nada por mí misma. Luego se refirió a las motivaciones y me enseñó que lo que hago no es tan importante como el por qué lo hago. Trató mis actitudes, en cuanto a ver televisión y cine, mi manera de vestir, mis pensamientos y, desde luego, mi boca, o mi manera de hablar.

Siendo sincera debo decir que probablemente ha tratado conmigo muchísimo más en lo relacionado con mi boca, que con cualquier otro asunto.

Cuando Dios quiere usar algo, con seguridad el diablo procura robárselo. Como he sido llamada a enseñar la Palabra de Dios, Satanás está siempre pujando por la propiedad del Señor.

Desde luego que he aprendido muchas cosas, a través de los años, acerca del uso de mi boca, pero recuerdo el día cuando Dios me dijo: "Es tiempo de que tu boca demuestre que eres salva". Comprendí que era una cuestión vital, no sólo una enseñanza menor del Espíritu Santo sobre la importancia de las palabras, sino una revelación transformadora de vidas, ¡sobre el uso de la boca!

¡Haga que su boca hable lo recto!

Escuchad, porque voy a decir cosas excelentes, voy a abrir mis labios para cosas rectas.

Porque mi boca dice la verdad, y mis labios abominan la impiedad.

Justas son todas las razones de mi boca: nada hay en ellas perverso ni torcido.

—PROVERBIOS 8:6-8

Cuando leí versículos como el anterior, supe que tenía un camino por recorrer. En ese tiempo estaba orando por una unción más fuerte en mi enseñanza y ministerio, y Dios tuvo que mostrarme tres hombres de la Biblia que fueron llamados, pero tenían un problema con su boca. Me reveló que tuvo que hacer algo, con sus bocas, con sus palabras, antes de que pudiera utilizarlos como lo había planeado.

La temerosa boca de Jeremías

Vino, pues, palabra de Jehová a mí, diciendo: Antes que te formara en el vientre, te conocí, y antes que nacieras, te santifiqué, te di por profeta a las naciones.

Yo dije: ¡Ah, ah, Señor Jehová! ¡Yo no sé hablar, porque soy un muchacho!

Me dijo Jehová: No digas: "Soy un muchacho", porque a todo lo que te envíe irás, y dirás todo lo que te mande.

No temas delante de ellos, porque contigo estoy para librarte, dice Jehová.

Extendió Jehová su mano y tocó mi boca, y me dijo Jehová: He puesto mis palabras en tu boca.

Mira que te he puesto en este día sobre naciones y sobre reinos, para arrancar y destruir, para arruinar y derribar, para edificar y para plantar.

—Jeremías 1:4-10

Dios llamó a Jeremías "profeta de las naciones", e inmediatamente él comenzó a decir lo que Dios no le había dicho que dijera. El Señor tuvo que enderezar su boca, ponerlo a hablar lo correcto, antes de que pudiera utilizarlo.

Y no será diferente con nosotros.

En primer lugar, debemos entender que cuando Dios nos llama a hacer algo, no debemos decir que no podemos hacerlo. Si Dios dice que podemos, ¡podemos! Con frecuencia expresamos nuestras inseguridades, verbalizamos lo que otros han dicho previamente de nosotros, o lo que el diablo nos ha dicho.

¡Necesitamos decir de nosotros, lo que Dios ha dicho de nosotros!

Jesús dijo: Yo *no les hablo mis propias palabras, sino las palabras del que* me *envió. Yo sólo digo lo que he oído decir a mi Padre* (Juan 8:28: 12:50, paráfrasis de la autora).

Dios nos llama a un nivel más elevado. Nos reta a no continuar pronunciando nuestras propias palabras. Él quiere que hablemos, no lo que hay en nuestra alma, sino en nuestro espíritu.

Dios está preparando a Su pueblo para utilizarlo en la cosecha del tiempo final. Pero nadie ha sido usado jamás sin preparación. Eso quiere decir que Dios tiene que tratar con nosotros, y que debemos someternos y ser sumisos a Su obra en nosotros.

Dios quiere "afinarnos". Él ha estado obrando en nuestra vida, en términos generales durante años, pero este es el momento para algunos precisos ajustes finales.

Probablemente usted ha escuchado mensajes sobre el tema de la boca, así que estas palabras no son una revelación nueva para usted. Pero puede ocurrir, como nos ha ocurrido a nosotros, que aún se está tomando ciertas libertades que ya no se puede permitir.

Nuevo nivel, nuevo demonio

Por tanto, así ha dicho Jehová, Dios de los ejércitos: Por haber dicho esto, yo pongo mis palabras en tu boca como fuego, y a este pueblo como leña, y los consumirá.
—JEREMÍAS 5:14

Dios nos llama, a usted y a mí, a un nuevo nivel más alto, y en cada nuevo nivel de las bendiciones y del poder de Dios, enfrentamos nuevos obstáculos.

En el pasado, quizá Jeremías hablaba como usted y yo hablamos ahora, pero Dios lo estaba llamando a un nuevo nivel. Y en él, la forma de hablar de Jeremías lo metería en serios problemas.

Debemos comprender que las palabras incorrectas le pueden abrir puertas al enemigo que no queremos abrir.

Por años el Señor me habló de no abrir puertas, pero un día Él me dijo: "Joyce, olvídate de las puertas; Satanás está buscando siquiera un pequeño huequito por donde escurrirse dentro de tu vida".

Sea lo que sea que Jeremías estaba haciendo previamente, no era tan agresivo contra el reino de las tinieblas como Dios lo tenía planeado.

Creo que esto es cierto también en su vida y en la mía. Dios tendrá que tratar ahora con asuntos que pasó por alto. No podemos andar en la carne hasta cuando comencemos a ejercer nuestro don ministerial, y luego rápidamente tratar de andar en el Espíritu. No habrá poder ni unción liberados o transmitidos a través de una vida así.

Luego vemos en la historia de Jeremías como Dios le dice que hará que su Palabra sea fuego en su boca, y la gente como la leña.

Tengo fe de que ocurra lo mismo en mi vida y ministerio. Cuando hablo la Palabra de Dios quiero tener un dramático efecto sobre la gente; que la transforme radicalmente.

Y usted debe hacer lo mismo.

Ya no tenemos tiempo para una cosita aquí, y otra allá (Isaías 28:10-13).

Es tiempo de ajustarse, o adaptarse a la obra de Dios.

He leído libros que hablan de los avivamientos del pasado y cuentan cómo la unción del Señor era tan fuerte durante la predicación que centenares de personas caían de sus sillas al suelo, y comenzaban a clamar por liberación y salvación. Creo que eso es una manifestación de Dios, pues las palabras de quien hablaba eran fuego, y la gente como la leña.

Pero eso no ocurrirá con nosotros si permitimos una mezcla de palabras en nuestra boca. Quizá nunca experimentemos completa perfección en esta área, pero es tiempo de buscarla de una manera más seria.

Yo había estado orando por una unción más fuerte y Dios me la quería dar, pero primero me dijo: "Joyce, ya es tiempo de que lo que expresa tu boca demuestre el hecho de que eres salva".

Generalmente cuando le pido a Dios algo, hay cosas que debo quitar del camino para que llegue lo que he pedido.

Si usted compra muebles nuevos para la alcoba, y estos son más grandes que los que tenía, debe sacar los viejos de la alcoba para que los nuevos quepan.

¡No se aflija por lo que se debe ir; regocíjese por lo que llega!

La boca lenta y torpe de Moisés

Entonces dijo Moisés al Señor: ¡Ay, Señor! nunca he sido hombre de fácil palabra, ni antes, ni desde que tú hablas a tu siervo, porque soy tardo en el habla y torpe de lengua.
—Éxodo 4:10

Cuando Dios lo llamó para ser su vocero ante el Faraón y los Israelitas, Moisés se quejó diciendo que no era lo suficientemente elocuente para hacer lo que Dios le pedía porque tenía un "problema vocal".

La respuesta de Dios fue:... *¿Quién dio la boca al hombre?*... *¿No soy yo, el Señor?* (versículo 11).

A veces pensamos que Dios no lo sabe todo acerca de nuestras debilidades, pero sí lo sabe.

Cuando comprendí que Dios me llamaba para ministrar Su palabra a grande escala, le recordé que yo era mujer. Dudo que Él lo hubiera olvidado. Yo no tenía ningún problema con ese hecho, pero conocía a otras personas que sí, y eso creó cierta cantidad de duda sobre mi capacidad.

Esa duda tuvo que desaparecer antes de que comenzara mi ministerio.

En el versículo 12 Dios le dijo a Moisés: *Ahora, pues, ve, que yo estaré en tu boca y te enseñaré lo que has de hablar.*

La próxima vez que Dios le pida ser su vocero y surja el temor en su interior, recuerde: si Él lo envía, Él estará con su boca y le enseñará lo que ha de decir.

La boca inmunda de Isaías

El año en que murió el rey Uzías vi yo al Señor sentado sobre un trono alto y sublime, y sus faldas llenaban el Templo.

Por encima de él había serafines. Cada uno tenía seis alas: con dos cubrían sus rostros, con dos cubrían sus pies y con dos volaban.

Y el uno al otro daba voces diciendo: ¡Santo, santo, santo, Jehová de los ejércitos! ¡Toda la tierra está llena de su gloria!

Los quicios de las puertas se estremecieron con la voz del que clamaba, y la Casa se llenó de humo. Entonces dije: ¡Ay de mí que soy muerto!, porque siendo hombre inmundo de labios y habitando en medio de pueblo que tiene labios inmundos, han visto mis ojos al Rey, Jehová de los ejércitos.

Y voló hacia mí uno de los serafines, trayendo en su mano un carbón encendido, tomado del altar con unas tenazas. Tocando con él sobre mi boca, dijo: He aquí que esto tocó tus labios, y es quitada tu culpa y limpio tu pecado.

Después oí la voz del Señor, que decía: ¿A quién enviaré y quién irá por nosotros? Entonces respondí yo: Heme aquí, envíame a mí.

Y dijo: Anda, y dile a este pueblo: "Oíd bien, y no entendáis; ved por cierto, pero no comprendáis"

—Isaías 6:1-9

El llamamiento de Isaías es un excelente ejemplo de la necesidad que Dios tiene de limpiar la boca antes de usar al hombre.

Este pasaje bíblico me enseña que cuando nos acercamos a la presencia del Señor, Él obra en nosotros.

En este caso Isaías comprendió que tenía una boca inmunda. Creo que el clamor de su corazón fue por un cambio y Dios le envió su ayuda.

La llegada del Serafín con un carbón encendido se registra aquí como un acontecimiento instantáneo, pero no siempre ocurre de esa manera con nosotros. Todos preferiríamos la liberación milagrosa, pero creo que en la mayoría de los casos el Señor debe hacernos pasar a través de un proceso de limpieza.

Lo que necesitamos asimilar de estos versículos es el principio que en ellos se establece.

El versículo 7 declara que el pecado de Isaías fue perdonado; por lo tanto, podemos deducir que su boca inmunda era pecadora, y que como tal debía ser tratada.

Luego vemos en el versículo 8 el llamamiento de Isaías. Dios le dijo: ¿...quién irá por nosotros? e Isaías respondió: Heme aquí, envíame a mí. Su corazón estaba dispuesto a servir al Señor; Como Él lo sabía lo guió a su presencia.

Dios siempre busca a alguien que tenga un corazón perfecto para Él, no necesariamente alguien que tiene un desempeño o un record perfecto delante de Él. Cuando el Señor es dueño del corazón de alguien, siempre puede cambiar el comportamiento de esa persona.

Este pensamiento debe alentar y animar a quienes desean ser utilizados por el Señor, pero sienten que tienen demasiados defectos. ¡Dios utiliza vasijas quebradas! Nosotros venimos al Señor tal como somos y Él nos moldea y nos convierte en vasijas útiles para su uso (Isaías 6:8; 2 Timoteo 2:21).

Después de que la boca de Isaías fue limpiada Dios le dijo en el versículo 9: *Anda, y dile a este pueblo*. El llamado, la unción y la comisión, a veces ocurren de manera individual y aun en diferentes períodos de tiempo.

Llamar, ungir y comisionar: Sentar las bases antes de construir

Porque nadie puede poner otra base o fundamento diferente al que *(ya)* ha sido puesto, el cual es Cristo Jesús *(el Mesías, el Ungido)*.

—1 Corintios 3:11

Dios me llamó y me ungió, pero esa unción se ha incrementado a medida que he ganado experiencia en mi ministerio y me he sometido a la obra del Espíritu Santo en mi alma. Él me comisionó, o me envió para construir Su Reino sólo después de haber establecido una base o un fundamento apropiado.

Si usted quiere edificar el Reino de Dios, debe tomar tiempo para colocar el fundamento apropiado. Y poner su boca en línea es uno de los primeros pasos para establecer ese fundamento.

"¡Señor, que mi boca sea salva!"

…y conoceréis la verdad y la verdad los hará libres.

—Juan 8:32

Jeremías, Moisés e Isaías, todos comprendieron que Dios tenía que cambiar algunas cosas en sus bocas, si era que iban a cumplir con el llamamiento divino.

Y esto es válido para usted y para mí.

Dios sanará nuestras bocas pero antes de que lo haga debemos ser conscientes de que necesitamos esa sanidad.

Jesús dijo que es la verdad la que nos libera. Y esta es la verdad que necesitamos decirle al Señor: "¡Que mi boca sea salva!".

Capítulo 9

Cuando ayune incluya su boca

(El hecho es que) ustedes ayunan para debates
y contiendas, y para herir con el puño de iniquidad.
Ayunar como ustedes lo hacen hoy no hará
que su voz sea escuchada en los cielos.
—Isaías 58:4

El capítulo 58 de Isaías es un importante pasaje bíblico que nos enseña lo que Dios considera como "el verdadero ayuno". Le sugiero leer ahora todo el capítulo antes de continuar leyendo este libro.

¿A esto le llaman ayuno?

¿Es este el ayuno que yo he escogido, que en un día se humille el hombre a sí mismo afligiendo su alma? (¿El verdadero ayuno es solamente mecánico?) ¿Es solo inclinar la cabeza como un junco, y que esparza sobre sí ceniza y haga lecho de cilicio (para indicar una condición

de su corazón que no tiene)? ¿A esto le llaman ayuno
y día aceptable al Señor?

—ISAÍAS 58:5

Esta escena es un intercambio de palabras entre los israelitas y Dios. El pueblo había estado ayunando y sentía que
Dios no estaba tomando nota. El Señor les dijo que estaban
ayunando con motivos incorrectos y que había asuntos en
sus vidas que debían ser tratados.

El propósito del verdadero ayuno es quebrantar el poder
de la carne. Es un tiempo de oración especial durante el cual
el pueblo de Dios lo busca de una manera más seria para que
ellos y otros avancen.

Mi propósito en este capítulo no es enseñar todos los principios sobre el ayuno, pero sí que existen diversas maneras
como la gente es guiada a ayunar. Si usted está comenzan-
do un ayuno, o si siente el llamado de Dios para hacerlo, Él
lo guiará en su propósito particular.

El pueblo que es mencionado en el capítulo 58 de Isaías
se abstuvo de alimentos, pero perdió de vista el verdadero
sentido del ayuno. Dios les dijo que lo hacían con razones
equivocadas, y que su ayuno no haría que su voz se oyera
en los cielos. En este versículo el Señor les pregunta: "¿Es el
verdadero ayuno totalmente mecánico, un ejercicio sin significado real?". Luego en los versículos 6 al 9 les dice lo que
debe ser su ayuno.

¡Libérese usted para que libere a otros!

¿El ayuno que yo escogí, no es más bien desatar las ligaduras de impiedad, soltar las cargas de opresión, dejar
ir libres a los quebrantados y romper todo yugo?

—ISAÍAS 58:6

Creo que eso no sólo significa que debemos ocuparnos, usted y yo, de liberar a otros, sino que nosotros mismos no debemos permanecer como esclavos.

Jesús dijo:... *si el Hijo los libera* (si los hace hombres libres), *entonces serán incuestionablemente libres* (Juan 8:36). La versión más familiar Reina Valera Revisada, dice:... *si el Hijo os liberta, seréis verdaderamente libres.*

Creo que debemos cooperar con el Espíritu de Dios a fin de romper los yugos de esclavitud en nuestras vidas y en las de quienes nos rodean. Si hemos de liberar a otros, primero debemos ser libres nosotros.

Ayune para compartir

¿No es que compartas tu pan con el hambriento, que a los pobres errantes albergues en casa, que cuando veas al desnudo lo cubras y que no te escondas de tu hermano?
—Isaías 58:7

Algunas personas se sumergen de tal manera en la actividad del ministerio que se olvidan de los miembros de su propia familia básica y de sus demás parientes. En este versículo el Señor deja claramente establecido que no debemos desatender los unos ocupándonos de los otros.

El Señor nos dice aquí que no solamente debemos satisfacer las necesidades de quienes nos rodean en el mundo, los pobres y los desnudos, sino también las de quienes son nuestra carne y sangre, es decir, la familia básica y los demás parientes.

Tengo una tía viuda a quien ayudo con frecuencia. Yo solía pensar que estaba demasiado ocupada para hacer eso. Pero el Señor me mostró que ella es "mi carne y mi sangre", y que es mi responsabilidad ministrar o suplir sus necesidades, tanto como a las demás personas en el mundo. Si ignoro esa responsabilidad, pagaré el precio viendo disminuida la unción de Dios en mi vida.

No es suficiente ser llamado. No es suficiente orar. No es suficiente leer la Palabra de Dios. También debemos hacer lo que dice, la Palabra: alimentar a los pobres, vestir a los desnudos, y no escondernos de nuestros propios parientes.

Después de que hayamos hecho todas estas cosas, entonces el versículo 8 será una realidad para nosotros

Si recibimos gracia, debemos dar gracia

> Entonces tu luz resplandecerá como en la mañana, y tu sanidad *(tu restauración y el poder de una nueva vida)* crecerá con rapidez; tu justicia *(tu rectitud, tu justicia y tu recta relación con Dios)* irá delante de ti *(llevándote a la paz y la prosperidad)* y la gloria del Señor será tu retaguardia.
>
> —ISAÍAS 58:8

He estudiado el capítulo 58 de Isaías bastante porque en él se encuentran algunas promesas que inspiran plena confianza. Pero también contiene algunas demandas, y unas dependen de las otras.

Le doy gracias a Dios por su gracia, y también porque no tengo que, mediante mi propio esfuerzo, hacer las cosas. Vivo agradecida porque ante cualquier asunto que Él me manda, también me da su gracia para poder llevarlo a cabo. De esa manera, Él obtiene el crédito y la gloria, no yo.

Pero eso no quiere decir que yo no debo hacer nada, que puedo sentarme a esperar que el Señor lo haga todo.

No. Yo debo cooperar con la gracia de Dios. Y usted debe hacerlo también.

En este capítulo hay muchas promesas de paz y prosperidad para nosotros, el pueblo de Dios, pero están condicionadas a que hagamos ciertas cosas, tal como lo vimos en el versículo anterior.

¡No juzgues, no amenaces y ten cuidado con lo que dice tu boca!

Entonces invocarás, y te oirá Jehová; clamarás, y dirá él: "¡Heme aquí! Si quitas de en medio de ti el yugo, el dedo amenazador y el hablar vanidad...

—ISAÍAS 58:9

Si nuestras oraciones no son contestadas, bien puede ser porque no estamos haciendo lo que Dios, con claridad, nos ha dicho que hagamos.

Una de las cosas que nos ha pedido hacer es soltar las cargas de opresión en nuestro medio y dejar de apuntar con el dedo amenazador hacia los oprimidos o los piadosos. Eso es juzgar.

Cuando usted y yo dejemos de juzgarnos unos a otros, todo comenzará a mejorar en nuestras propias vidas.

También debemos dejar de hablar falsedades con aspereza, injusta y perversamente. La versión Reina Valera Revisada traduce esta última frase como hablar vanidad. ¿Qué es el hablar vano? Las palabras inútiles las charlas tontas. Si no tengo cuidado puedo ser culpable de hablar vanidad. Puedo comenzar a hablar y a hablar indefinidamente, sin sentido. A veces en mi vida y ministerio personal estoy hablando desde cuando me levanto en la mañana, hasta que me acuesto tarde en la noche. Ya para ese momento, mi interior es para confusión y mi cerebro está hecho picadillo. Estoy física y mentalmente agotada.

¿Sabe qué me dijo el Señor al respecto? "¡Estás cansada todo el tiempo porque hablas demasiado!".

Así que tuve que hacer lo que dice este pasaje bíblico, es decir, aprender a tener mi conversación bajo control. Como ministra del Evangelio he sido llamada al servicio de su majestad el Rey. Como embajadora real (2 Corintios 5:20), se me pide y espera de mí que ejerza un cuidadoso control sobre mis palabras.

Y esto es válido también para usted y para todo aquel que sirve al Señor.

¡No maldiga, bendiga!

…si das tu pan al hambriento y sacias al alma afligida, en las tinieblas nacerá tu luz y tu oscuridad será como el mediodía".

Jehová te pastoreará siempre, en las sequías saciará tu alma y dará vigor a tus huesos. Serás como un huerto de riego, como un manantial de aguas, cuyas aguas nunca se agotan.

Y los tuyos edificarán las ruinas antiguas; los cimientos de generación y generación levantarás, y serás llamado "reparador de portillos", "restaurador de viviendas en ruinas".

—ISAÍAS 58:10-12

¡Qué promesas tan maravillosas!

¿Cuándo podemos, usted y yo, esperar que todas estas bendiciones vengan sobre nosotros?

Cuando dejemos de juzgarnos unos a otros y desechemos toda vana, falsa, áspera, injusta y perversa forma de hablar.

No esperemos que Dios derrame bendiciones sobre nosotros, mientras nuestras bocas derraman maldiciones sobre los demás.

¿Vale la pena?

Si retraes del sábado tu pie, de hacer tu voluntad en mi día santo, y lo llamas "delicia", "santo", "glorioso de Jehová", y lo veneras, no andando en tus propios caminos ni buscando tu voluntad ni hablando tus propias palabras, entonces te deleitarás en Jehová. Yo te haré subir sobre las alturas de la tierra y te daré a comer la heredad de tu padre Jacob. La boca de Jehová lo ha hablado.

—Isaías 58: 13, 14

Básicamente lo que el Señor dice en este pasaje es: "Si tú quieres realmente disfrutar mis bendiciones en esta vida, entonces no vayas por ahí haciendo tu voluntad. Por el contrario, descubre qué es lo que yo quiero que hagas, y hazlo. No busques tu propio placer, sino busca primero mi voluntad. No hables tus propias palabras ociosas, sino mi poderosa palabra, porque ella no volverá a mí vacía, sino que producirá efecto, hará lo que yo quiero" (Isaías 55:11).

Si usted y yo realmente queremos la bendición de Dios sobre nuestras vidas, no podemos decir lo que se nos antoje, cuando se nos antoje. Debemos utilizar nuestra boca para bendecir a Dios, a los demás y a nosotros mismos.

Debemos traer las bendiciones de Dios a nuestras iglesias, a nuestros hogares, a nuestros trabajos, a nuestra sociedad. No necesitamos predicar tanto a la gente que está a nuestro alrededor, sino vivir vidas piadosas en su presencia. No debemos "oler mal". Debemos ser un suave y grato aroma en Cristo, que agrade a los demás y a Dios (2 Corintios 2:14-15).

El Señor me ha estado diciendo: "No huelas mal, fluye. Fluye con el fruto del Espíritu: amabilidad, gentileza, bondad, amor, gozo, paz y todo lo demás que hace parte del fruto".

Cuando usted y yo caminamos por la vida, vamos exhalando cierto aroma. Aunque no podemos olernos a nosotros mismos, el Señor sí lo hace. Él tiene un olfato muy sensible. Cuando oro, no quiero que mis oraciones huelan mal ante el Señor debido a las palabras que he pronunciado en momentos diferentes a mi tiempo de oración.

La Biblia dice que Dios conoce cada palabra que están por expresar nuestros labios:...*pues aún no está la palabra en* mi *lengua* (todavía sin expresarla), *y he aquí, oh Señor, tú la sabes toda* (Salmo 139:4). Él sabe no sólo lo que dijimos ayer, y lo que estamos diciendo hoy, sino también lo que vamos a decir mañana. Más aún, Él sabe lo que estamos pensando. Por eso es que debemos hacer nuestra la oración del salmista: *Sean aceptables las palabras de* mi *boca y la meditación de* mi *corazón delante de* ti, *oh Señor, roca mía* (firme e impenetrable) *y redentor mío* (Salmo 19:14).

Capítulo 10

La boca calumniadora

La vida y la muerte están en poder de la
lengua, y quien es indulgente con ella, comerá
de su fruto (para vida o para muerte).
—Proverbios 18:21

Si usted ha oído o leído alguna enseñanza acerca del uso de la boca, probablemente ha leído este pasaje bíblico varias veces. Ya lo hemos mencionado en este estudio, pero es tan vital para este tema que vale la pena repasarlo.

Piense en él por un momento: *La vida y la muerte están en poder de la lengua.*

¿Captamos la idea de lo que esto significa? Significa que usted y yo vamos por la vida con un inmenso e impresionante poder, como el fuego, la electricidad o la energía nuclear, exactamente debajo de nuestra nariz (es decir en nuestra boca), un poder que puede producir vida o muerte, dependiendo de cómo se use.

Con este poder tenemos la capacidad de hacer bien o mal en gran manera, y de producir un beneficio o un daño igualmente grandes. Podemos utilizarlo para crear muerte y destrucción, o vida y salud. Podemos crear enfermedad, dolencias, disensión y desastre, o hablar y crear salud, armonía, exhortación y edificación.

Es nuestra la elección.

Sembrar y cosechar

No os engañéis; Dios no puede ser burlado, pues todo lo que el hombre siembre, eso también segará, porque el que siembra para su carne, de la carne segará corrupción; pero el que siembra para el Espíritu, del Espíritu segará vida eterna.

—GÁLATAS 6: 7, 8

Note que la segunda parte de Proverbios 18:21 dice que comeremos del fruto de nuestros labios.

Eso nos recuerda el principio espiritual que cosechamos lo que sembramos. Si sembramos para la carne, de la carne cosecharemos ruina, decadencia y destrucción. Pero si sembramos para el Espíritu, del Espíritu cosecharemos vida y salud en abundancia.

¿Sabía usted que tiene el poder de hacer algo con su futuro? El poder está ubicado bajo su nariz (en su boca).

Recientemente estaba leyendo en un librito que Dios en este preciso día y hora está buscando águilas que vuelen alto, hombres y mujeres de integridad que actúen con rectitud, cumplan su palabra y sus compromisos, y vivan en santidad. Alguien dijo que "es tremendamente difícil ser un águila que vuela alto cuando se está rodeado de muchos pavos".

A veces es difícil mantener el control de nuestra boca; de lo que decimos, ser positivos y glorificar al Señor, cuando todos los que nos rodean andan quejándose y actúan negativamente.

¿Utiliza su boca para exhortar y edificar o la está usando para desalentar y destruir? ¿La está utilizando para su edificación y la de otros, o la utiliza para echar abajo todo? ¿Tiene idea de cuán importantes son las palabras de su boca?

Como ya lo hemos enfatizado, si hay alguna área de nuestra vida en la cual es necesario ejercitar disciplina y autocontrol, es en la elección de nuestras palabras.

Ya mencioné que alguna vez el Señor me dijo que mi gran problema era que hablaba demasiado. Lo que yo hablaba no era necesariamente malo, pero era parloteo, vano. ¿Sabe lo que dice la Biblia sobre esta clase de actividad? Dice que si somos dados a hablar mucho, nos meteremos en problemas (Eclesiastés 5:1-7, LBV).

Eso fue lo que aprendí en mis primeros años de ministerio. Si hablo demasiado, me siento incómoda y pierdo la paz, no necesariamente porque sea malo lo que digo, sino porque sencillamente, necesito estar callada y escuchar.

Hablar una palabra a tiempo

(El siervo de Dios dice) El Señor Dios me ha dado lengua de discípulo y de quien aprende, para que sepa cómo hablar una palabra a tiempo al cansado. Mañana tras mañana me despierta, despierta mi oído de discípulo *(dispuesto a aprender)*.

—ISAÍAS 50:4

Usted y yo necesitamos entrenarnos para mantener nuestro oído expectante ante lo que Dios habla. También necesitamos hacer lo que dice Santiago: ser prontos para oír y tardos para hablar (Santiago 1:19).

¿Qué cree usted que pasaría si pensáramos en lo que vamos a decir antes de hacerlo? ¿No cree que nos abstendríamos de decir ciertas cosas?

El profeta dijo que el Señor le dio lengua de discípulo, de alguien que aprende y recibe enseñanza, para que supiera cómo "hablar una palabra a tiempo" al cansado.

¿Ve usted gente cansada en el cuerpo de Cristo? Sí, el mundo tiene problemas serios. Pero también existen muchos necesitados que han nacido de nuevo y están llenos del Espíritu de Dios.

Como ministra del Señor no estoy viendo el gozo que deberían evidenciar quienes son Sus hijos. Según lo dice la Biblia, el gozo del Señor es nuestra fortaleza o nuestra fuerza (Nehemías 8:10). El gozo y la alegría no se encuentran en las circunstancias, sino en Cristo, el Misterio de los Siglos, quien mora o habita en nosotros. Usted y yo estamos aprendiendo a encontrar nuestro gozo y alegría en Cristo, solamente en ÉL Y mientras estamos en el proceso, hablar palabras a tiempo, los unos a los otros, evitará nuestro cansancio.

Esto no debe ser así

...pero ningún hombre puede domar la lengua, que es un mal que no puede ser refrenado, llena de veneno mortal.

Con ella bendecimos al Dios y Padre y con ella maldecimos a los hombres, que están hechos a la semejanza de Dios.

De una misma boca proceden bendición y maldición. Hermanos míos, esto no debe ser así .
—SANTIAGO 3:8-10

Durante los años de mi vida y ministerio he aprendido mucho acerca del chisme, del hábito de criticar, de encontrar faltas y condenar a los demás. He aprendido que todo esto le disgusta al Señor. Le conmueve que con la misma boca que lo bendecimos y alabamos, maldigamos y condenemos a nuestro prójimo, hecho a su imagen, tal como nosotros.

Eso es algo fácil de hacer, ¿verdad? ¿Y sabe por qué? Por el orgullo. El orgullo produce la actitud de que somos limpios y tenemos la razón, y si alguien no está de acuerdo con nosotros, algo anda mal en él o en ella.

La Biblia dice: *Todos los caminos del hombre son limpios en su propia opinión...* (Proverbios 16:2).

Nos haría bastante bien si escogiéramos a tres de nuestros amigos, y varias veces al año nos sentáramos con ellos y les preguntáramos: "¿Cómo me ves tú?". Porque nosotros nos vemos de una forma muy diferente a cómo nos ven otras personas.

Creo que uno de los favores más grandes que podemos hacerle a Dios y a nosotros, es comprender que tenemos un largo camino por recorrer antes de llegar a ser perfectos. Ahora bien, no hay nada de malo en ser menos que perfectos, si tenemos un corazón perfecto para con Dios. El Señor mira nuestro corazón y nos considera perfectos, si estamos en el camino que busca de la perfección.

Si fuéramos lo suficientemente humildes para vemos tal como somos, no seríamos tan rápidos para criticar a los demás ni para difundir esas críticas y calumnias.

Difundiendo calumnias

En un diccionario sobre raíces griegas de nuestro idioma encontré la definición de "calumniador o difamador" como el que encuentra faltas en otros y esparce o difunde críticas y calumnias.

Después de leer esta definición comencé a pensar en la palabra "difundir". Difundir no quiere decir necesariamente salir y contarle algo a otras 10 personas. Se puede difundir algo contándoselo tan sólo a una.

En una ocasión pasé por un período durante el cual tuve que superar el chismorreo, es decir, el contar cosas a otras personas. Pero aún se las contaba a Dave, mi esposo. Aunque sabía que Dave no repetiría lo que yo le contaba confidencialmente, finalmente comprendí que exponiéndolo a estas historias (ya fueran ciertas o no), corría el riesgo de envenenar su espíritu.

Usted sabe que tan pronto nos dicen algo acerca de una persona, aunque decidamos no creerlo, esa información queda almacenada en nuestro interior. Y la próxima vez que encontremos esa persona, la vamos a ver de una manera diferente. ¿Por qué? Porque nuestro espíritu ha sido envenenado.

La palabra griega traducida en 1 Timoteo 3:11 como "calumniadora" es *diabolo* que significa Satanás…falso acusador, diablo, calumniador, según la definición de Strong.

Como ya lo he anotado, el diccionario griego expresa que este adjetivo significa "calumniador y falso acusador" y que en su forma sustantiva se traduce como alguien dado a encontrar faltas en el comportamiento y en la conducta de otros, y a difundir sus insinuaciones y críticas en la Iglesia.

¿Comprende lo que eso significa? Significa que cuando usted y yo criticamos, condenamos o acusamos falsamente a otra persona le estamos permitiendo al diablo utilizar nuestras bocas. Como nos dice Santiago,…*esto no debe ser así* (Santiago 3:10).

Ahora bien, por favor entienda que no le estoy dando este mensaje porque no tengo problemas en esta área. Los tengo. Por lo tanto no es necesario que se sienta culpable si ese también es su caso. El Señor nos lo está revelando porque quiere hacer algo bueno en nuestras vidas. Pero nuestra boca, la forma como la utilizamos, está afectando nuestra unción.

Quizá muchos de nosotros hayamos recibido revelación sobre no juzgar a otros o hablarles con aspereza. Pero aunque la aspereza no es calumnia o crítica, tienen el mismo sabor.

Si tengo la capacidad de hablarle vida a usted, de alentarle, de ayudarle, de hacer que se sienta bien, de animarle a creer que puede lograr lo que se propone, y escojo la opción de desalentado, desanimarlo, hacerlo sentir infeliz, inducirlo a flaquear y darse por vencido, entonces hay algo malo en mi boca.

Muchas personas en el cuerpo de Cristo utilizan sus bocas para propósitos perversos como: calumniar, criticar, deprimir y desalentar a otros.

Me aflige ver que numerosas personas se congregan ante el altar buscando liberación de heridas y dolores que otras personas les causaron 15 ó 20 años atrás.

Con frecuencia esas personas no pueden apropiarse de las bendiciones que Dios tiene para ellas, porque alguien hirió o quebrantó sus espíritus, y adquirieron una imagen de fracaso. A veces están tan deprimidas y abatidas que nunca pueden levantarse de su estado de postración en la vida.

Usted no imagina cuánto me hiere, cuánto me duele ver personas que difícilmente se pueden acercar a otros para hablarles con autoridad espiritual como yo, sencillamente por la manera como fueron tratadas en el pasado, aun en el hogar o en la Iglesia.

Mi hermano, mi hermana, ¡estas cosas no deben ser así!

¡No quebranten su espíritu!

Padres, no provoquen o irriten a sus hijos (no sean duros ni los hostiguen) para que no se desalienten, ni se vuelvan hoscos y ásperos, y se sientan inferiores y frustrados (No quebranten su espíritu).

—COLOSENSES 3:21

Yo hice esto con mi hijo mayor. Porque era ignorante y no sabía nada mejor. Quisiera haber criado a mis dos hijos mayores de la manera correcta como lo hice con los dos menores.

Todos nosotros somos producto del medio ambiente del cual provenimos. Gracias a Dios que Jesús abre todas esas puertas para liberarnos. Él sana a todos los quebrantados de corazón (Lucas 4:18). La Biblia dice que Él es tan tierno y delicado que no *quebrará la caña cascada*... (Isaías 42:3). Él tiene el bálsamo sanador para los cuerpos y los espíritus quebrantados (Jeremías 8:22; Malaquías 4:2).

Si usted se acerca a Jesús, herido y lastimado, Él lo sanará y capacitará para que le lleve sanidad a alguien más. Aquellos que usted ha herido le perdonarán y recibirán sanidad.

Hoy mi hijo mayor trabaja para el ministerio disfrutando la vida diaria, y tenemos una magnífica relación. Él y yo nos amamos. Pero yo lo había herido haciendo exactamente lo que describe este versículo. Lo sermoneaba, lo hostigaba y lo agraviaba. Siempre le repetía lo mismo, una y otra vez.

Antes de que mi hijo y yo pudiéramos ser libres de esta esclavitud tuvimos que aprender la lección establecida en este pasaje. Espero que usted la aprenda más rápido.

¡No quebrante el espíritu de otra persona!

"¡Sea una dulzura!"

Esposas, sométanse a sus esposos *(subordínense y adáptense a ellos)* como es correcto y apropiado, y es su deber en el Señor.

Esposos, amen a sus esposas *(sean afectuosos, benévolos y compasivos)* y no sean ásperos, amargados o resentidos con ellas.

—COLOSENSES 3:18-19

En el pasaje inmediatamente anterior al versículo que leímos, vemos cómo las esposas y los esposos deben considerarse y tratarse los unos a los otros en el Señor.

A las esposas se les dice que se "adapten" a sus esposos. Ahora bien, sé que a nadie le gusta adaptarse a otra persona. Disponibilidad para la adaptación no hace parte de nuestra naturaleza. Pero hace parte de nuestro llamamiento en Cristo Jesús: *Sométanse los unos a los otros en reverencia por Cristo* (el Mesías, el Ungido) (Efesios 5:21).

De la misma manera los esposos deben ser afectuosos y benévolos. La palabra "benévolo" no quiere decir que los esposos deben sentir lástima por sus compañeras. Significa que deben ser considerados con ellas, no ásperos, amargados o descorteces.

Así que aquí vemos una relación bilateral, es decir, en dos sentidos. La esposa se adapta a su esposo, se convierte en una dulzura para él, y el esposo la ama y es considerado con ella. Aprenden a tratarse y a hablarse el uno al otro con amor, dignidad y respeto.

Cuando aprendí que Dios quería que yo fuera una dulzura para mi esposo, no sabía cómo hacerlo, y me resistí. Durante toda una semana Él me repitió: "Sé dulce, sé dulce, sé una dulzura". Pero yo no podía entenderlo.

Hacia el final de la semana una mujer me dio una pulsera que tenía la inscripción K-U-I-P-0. Cuando le pregunté qué significaba me dijo: "Oh, es una palabra hawaiana que significa "dulzura".

"¡Ah...!", dije, comprendiendo que Dios continuaba enfatizando lo que me había estado diciendo durante la semana. El regalo fue una fuerte confirmación.

Si algo he aprendido de Dios es que Él no se da por vencido. Es más persistente que cualquier otra persona que yo haya conocido.

De repente supe que el Señor me estaba liberando de la aspereza. Y mantuvo su mensaje de "sé una dulzura" delante de mí de una manera poco usual. ¡La pulsera era tan pequeña que una vez que la puse en mi muñeca fue imposible que me la quitara!

Tuve que utilizar jabón y loción, y trabajar duro para quitármela. En año y medio me la he quitado sólo dos o tres veces. Así que durante años he tenido este recordatorio del Señor en mi mano día y noche: "¡Sé una dulzura!".

Si usted quiere hacer de su esposo una dulzura, sea una esposa dulce. Si quiere tener una esposa dulce, sea un esposo dulce.

¡Inténtelo!

¡Da resultado!

Al comienzo no sabía cómo serlo. Y todavía estoy en el proceso de aprender, pero ahora lo hago mucho mejor. Solamente sea un encanto, dulce, amable y ¡dispensador o dispensadora de ánimo y aliento!

El espíritu es la clave

El fuerte espíritu de un hombre lo sustenta durante el dolor o los problemas del cuerpo pero, ¿quién puede sufrir o levantar un espíritu débil y quebrantado?
—PROVERBIOS 18:14

¿Comprende lo que dice este versículo? Dice que una persona puede soportar cualquier cosa que venga a su vida si tiene un espíritu fuerte dentro de sí que lo sostenga en esos tiempos de problemas. Pero si su espíritu está débil o herido, tendrá dificultades para soportarlos.

¿Sabe cuál es el problema con muchos miembros del Cuerpo de Cristo hoy, y por qué parece que no pueden manejar sus dificultades? No es porque sus problemas sean mayores que los de los demás. Es porque son débiles. Débiles de espíritu.

La Biblia dice que debemos soportar las flaquezas de los débiles (Romanos 15:1). Debemos alentar a los de poco ánimo y sostener a los débiles (1 Tesalonicenses 5:14).

Hemos visto en Romanos 12:8 que uno de los dones ministeriales dados a la Iglesia es el de animar y exhortar. Tales personas son generalmente muy fáciles de reconocer porque cada vez que nos acercamos a ellas nos hacen sentir mejor con lo que dicen y hacen. En ellos parece natural que alienten, animen y fortalezcan a otros con su presencia y su personalidad.

Ahora quizá usted y yo no estemos en el "oficio de animar o exhortar", pero todos podemos dar ánimo y aliento. Todos podemos exhortar. Todos podemos edificar, animar y hablar vida. Podemos rehusar ser criticones y calumniadores. Podemos negarnos a hacer el trabajo del diablo con nuestra boca.

Anímense y fortalézcanse ustedes mismos en el Señor

David se angustió mucho, porque el pueblo hablaba de apedrearlo, pues el alma de todo el pueblo estaba llena de amargura, cada uno por sus hijos y por sus hijas. Pero David halló fortaleza en Jehová, su Dios...

—1 Samuel 30:6

Quizá ahora usted esté pensando: "Bueno, Joyce, ese es un buen mensaje, pero la verdad es que soy yo quien necesita alguien que me exhorte y me anime".

Permítame decirle qué hacer en esa situación. La conozco porque he pasado por ella muchas veces. Yo solía desanimarme tanto en mi ministerio que quería darme por vencida y renunciar. Parecía que no había nadie que me diera ánimo.

Me "cansaba de hacer el bien". Trabajo duro, viajes ago-
tadores, aún estaba criando a mis hijos, colocando las bases
para un nuevo ministerio y tomando numerosas decisiones... Y llegaba a estar física, mental y emocionalmente agotada. Sentía que necesitaba ánimo, pero nunca había quién
me lo diera.

De hecho me enojaba porque no había alguien que me ani-
mara. Pensaba en lo mucho que hacía por otros y en lo poco
que ellos hacían por mí.

¿Sabe lo que esa forma de pensar produce? Llena el alma
de amargura y resentimiento. Y no es así como el Señor quiere que reaccionemos. Quiere que nos acerquemos y encontremos en Él nuestro aliento y fortaleza.

Finalmente aprendí que si en lugar de enojarme, sentirme
amargada y resentida, me acerco a Dios en oración humilde y fervorosa, todo marcha mucho mejor para mí. Yo le he
dicho: "Señor, necesito que me den ánimo", y en una semana o dos Él le ha hablado a seis o siete personas para que lo
hagan. Lo que ha ocurrido después es que he recibido una
cantidad enorme de tarjetas, regalos y flores. La gente se me
acercaba con palabras y gestos de aliento.

Pero cada vez que me he permitido estar resentida y quejumbrosa por la falta de ánimo, las cosas no han hecho más
que empeorar.

Puede que en este preciso momento usted sienta que no
le importa a nadie y que nadie le aprecia. Tal vez la razón
por la cual nadie parece apreciarle es porque la gente está
tan enfocada en sí misma que no sabe cómo valorar a los
demás. O tal vez no comprenden su necesidad. Si se amarga y resiente contra ellos, quizá nunca aprenderán y usted
nunca recibirá de ellos lo que más desea. De hecho su amargura y resentimiento podría terminar destruyéndolo y así
también su relación.

Pero si le lleva su carga al Señor, lo escuchará y le ayudará. Como Él tiene miles de exhortadores en el Cuerpo de Cristo, enviará la persona apropiada para que lo estimule, anime y edifique.

Primero ora, luego cosecha.

No se siente a esperar que alguien venga a darle ánimo. Y no se niegue a animar a otros sólo porque no está recibiendo aliento. No espere que vengan hasta usted, vaya hasta ellos.

Recuerde la regla espiritual: usted cosecha lo que siembra. En este momento puede que esté cosechando el fruto de semillas sembradas en el pasado, cuando se negó a darle aliento a otros. Pero eso puede cambiar. ¡Ocúpese sembrando para una nueva cosecha!

¡Comience a ser un exhortador!

¿Una boca calumniadora o confortadora?

Según la concordancia la palabra griega que se traduce como *exhortar* es *parakletos,* que la versión Reina Valera Revisada se traduce como *Consolador* refiriéndose al Espíritu Santo.

Si usted y yo nos acercamos a una persona para alentarla y fortalecerla a fin de que siga a delante con Jesús porque Dios está con ella y quiere hacer grandes cosas con su vida, estamos ocupados en la exhortación.

¿Qué ocurre entonces?

Que el bálsamo sanador de Galaad comienza a destilar en el alma herida de esa persona. De repente empieza a pensar: "Sí, yo creo que puedo lograrlo".

Eso es exactamente lo que el Consolador, el Espíritu Santo, hace por nosotros. Está a nuestro lado para consolarnos, alentarnos y animarnos a continuar, a seguir adelante.

Y eso también es lo que debemos hacer los unos con los otros.

Entonces, ¿qué significa todo esto para nosotros? Significa que debemos elegir. Podemos abrir nuestra boca y usarla como diabolos para encontrar faltas, calumniar, acusar y difundir insinuaciones y críticas, o como *parakletos* para animar, fortalecer, ayudar, inspirar y consolar.

Cuando abrimos nuestra boca, lo que ella expresa puede ser del diablo o del Espíritu Santo.

¿De quién será, entonces, lo que expresa?

Capítulo 11

Las palabras impacientes y airadas nos meten en problemas

Quítense de vosotros toda amargura, enojo,
ira, gritería, maledicencia y toda malicia.
—Efesios 4:31

Todas las palabras descriptivas de este versículo identifican los elementos que nos meten en problemas: ira, pasión, mal carácter, resentimiento, enojo, rencor, contienda, alboroto, gritería, contención, calumnia, charla perversa, lenguaje abusivo o blasfemo, malicia, odio, mala voluntad, o cualquier tipo de vileza.

¡Vaya qué lista!

¿Cuál de estas actitudes representa el mayor problema para usted?

En mi caso personal debo decir que la ira y el mal carácter. Yo solía tener un carácter terrible, pero ya no. Sin embargo, para mí, el hábito o defecto más difícil de vencer y recibir sanidad fue ser dura y áspera. Fue una verdadera lucha para mí renunciar a él y convertirme en una persona amable. Y si el Señor pudo hacer un milagro en esa área para mí, también puede hacerlo para usted.

Usted y yo no tenemos por qué ser de mal carácter o temperamento. No tenemos por qué enojarnos cada vez que algo no sale como lo esperamos. El Espíritu Santo nos capacita para ser adaptables (Romanos 12:16).

Tardos para hablar y tardos para enojarnos

Comprendan *(esto)* mis amados hermanos. Que cada hombre sea lento para oír *(que sea un buen oyente)*, tardo para hablar, y tardo para sentirse ofendido y enojarse.
—SANTIAGO 1:19

Santiago nos dice que seamos rápidos para escuchar, pero tardos para hablar, para sentirnos ofendidos y enojarnos. De todo esto lo más importante, y lo más difícil, es ser tardo para hablar. Una vez que la lengua empieza a volar, otras cosas volarán con ella.

Todos nos disgustamos cuando hacemos nuestros planes y luego algo los echa a perder. Cuando eso me ocurre, he aprendido a respirar profundo, tomar aire, cerrar mi boca por un minuto y asumir el control de mí misma, para luego seguir con mi vida.

Digo: "Está bien Señor, con Tu ayuda puedo hacerlo. Las cosas no tienen que ser siempre como yo quiero. Según romanos 12 me puedo adaptar. Puedo cambiar mis planes. De todos modos, ya han sido cambiados entonces, ahora nado con la corriente".

"Vaya con la corriente"

"Nadar con la corriente" tiene para mí un doble significado a causa de un incidente que ocurría con mucha frecuencia cuando mis hijos estaban muy pequeños.

Me parecía que cada vez que nos sentábamos a comer, alguien derramaba un vaso de leche. Cuando eso sucedía, el diablo utilizaba el incidente para que me disgustara. De inmediato me encolerizaba:

"¡No puedo creerlo! ¡Mira lo que hiciste! ¡Pasé toda la tarde preparando esta comida para que tú la arruinaras!"

Pero no era mi familia quien me arruinaba cada comida. Era otra persona: ¡Satanás! Yo creía que el problema era la leche derramada, pero en realidad el problema estaba en mí.

Por esos días teníamos grandes comidas con muchos platos y utensilios sobre la mesa. Cuando la leche se regaba, invariablemente comenzaba a correr debajo de los platos y los cubiertos, y se esparcía por toda la mesa.

De hecho pensaba que el diablo quería volverme loca. Ahora pienso que tal vez Dios permite ciertas cosas (por lo menos en mi vida) para ayudarme a crucificar ese espíritu de impaciencia que hay en mí.

Me importaba tanto que la leche se regara por el trabajo dispendioso de limpieza, primero de la mesa y luego del piso.

Como mis chicos estaban pequeños, la rutina de la leche derramada parecía repetirse varias veces a la semana. Alguno de ellos regaba algo, y yo ya sabía lo que venía: Un arrebato de histeria.

Un arrebato de cólera, ponerme en cuatro manos, gatear bajo la mesa con los chicos encima de mí, y entonces, yo era cualquier cosa *menos* una "ama de casa feliz". De hecho estaba tan enojada que casi explotaba.

¿Sabe que cuando estamos atrapados en una situación así, inmodificable, hagamos lo que hagamos, es cuando necesitamos aprender a aceptarla con alegría?

"Aceptación con alegría". Esa es una frasecita corta y útil que yo he aprendido.

El Señor me ha enseñado a decir en tales situaciones: "Bueno, ha ocurrido otra vez y solo Dios puede cambiarla. Y si Él no lo hace entonces mejor la acepto con alegría".

Pero yo no sabía cómo hacerlo cuando tenía que recoger la leche derramada debajo de la mesa. Todo lo contrario, me metía allí bajo un ataque de histeria y actuando como una adolescente malcriada.

Durante una de estas escenas el Espíritu Santo me habló justamente allí debajo de la mesa, diciendo: "Sabes Joyce toda la histeria de este mundo no logrará que esa leche derramada siga la ruta de regreso desde el piso, por las patas de la mesa hasta la superficie, y que luego vuelva al vaso".

En otras palabras me dijo que el berrinche que yo estaba haciendo no cambiaría la situación en que me encontraba.

Esa es una de las lecciones que quiero compartir con usted en este capítulo.

No importa que tan furioso esté, o que tanto se enoje, no importa su impaciencia, o el arrebato de cólera, o la pataleta que haga, nada de esto revertirá o cambiará su mala situación.

Si usted está atrapado en un trancón, puede encolerizarse y desesperarse durante una hora, pero eso no agilizará la llegada a su destino ni un segundo siquiera. Pero si es posible que le produzca un dolor de cabeza, tortícolis, dolor de espalda, úlcera, alergia, y finalmente un ataque de nervios, si no un síncope cardíaco.

¿Vale la pena?

Así que el Señor me dijo esa noche debajo de la mesa: "Sabes Joyce, deberías aprender a nadar con la corriente. Si la leche resbala por las patas de la mesa, déjala correr y no pierdas tu paz".

Fue entonces cuando aprendí a "ir con la corriente". Palabras mucho más agradables salen de mi boca cuando voy con la corriente, en vez de ir contra ella.

Sea adaptable

Vivan en armonía los unos con los otros; no sean arrogantes *(petulantes, altivos, excluyentes)*, sino adáptense *(a la gente y a las cosas)* y sean humildes. No se sobreestimen ni sean sabios en su propia opinión.

—ROMANOS 12:16

Según el apóstol Pablo, podemos aprender a ser adaptables, y moldeables.

Desde luego eso no significa que no existan ciertas cosas que debemos resistir o cambiar. Ni que debemos permitir que el mundo y el diablo pasen sobre nosotros.

Pero cada día enfrentamos unos cuántos asuntos menores que roban nuestra paz, circunstancias acerca de las cuales no podemos hacer absolutamente nada. Debemos aprender a manejar esas pequeñas irritaciones y disgustos, calmarnos y evitar la histeria cada vez que el asunto más pequeñito marche mal.

Tal como lo vimos en Efesios 4:31, Pablo hace una lista de las actitudes que nos meten en problemas como el mal carácter, el resentimiento, el enojo, las disputas, la gritería y la contienda. Creo que cada una de ellas tiene una raíz común y un remedio. Creo que la raíz o causa común es el orgullo, el egoísmo, enfocarnos en nosotros mismos. En otras palabras, estas cosas surgen porque queremos lo nuestro, cuando y donde lo deseamos.

Como Pablo lo señala en Romanos 12:16, tenemos de nosotros mismos una opinión tan inflada que nos creemos con el derecho a que todo se haga y ocurra a nuestro gusto y manera. Por eso es que nos enojamos tanto cuando las cosas no se hacen como queremos o esperamos. El enojo genera palabras iracundas, y generalmente terminamos hiriendo a los demás.

¿De dónde viene la contienda?

¿De dónde vienen las guerras y los pleitos entre vosotros? ¿No es de vuestras pasiones, las cuales combaten en vuestros miembros?

Codiciáis y no tenéis; matáis y ardéis de envidia y nada podéis alcanzar; combatís y lucháis, pero no tenéis lo que deseáis, porque no pedís.

Pedís, pero no recibís, porque pedís mal, para gastar en vuestros deleites.

—SANTIAGO 4:1-3

Admitámoslo. Tenemos un tremendo problema con el egoísmo, ¿no es verdad? Llamo la atención hacia él porque yo era tan culpable del mismo y la más necesitada de este mensaje.

No sé si usted será como yo, pero mi carne (es decir, mi naturaleza humana) se deleita en él. Ella siempre quiere las cosas a su manera. Pero yo no puedo permitirle que se salga con la suya.

Y esa negación causa conflictos.

¿Sabe usted por cuáles dos razones principales discute la gente? Primero, para probar que tienen razón, porque todos queremos tenerla. Y segundo, para que todo se haga a su manera, porque queremos que todo se haga como lo deseamos.

Necesitamos aprender que Dios es el único que puede hacer que nuestros asuntos marchen bien. Cuando eso no ocurre necesitamos calmarnos y ejercitar un poquito de humildad, conscientes de que las cosas pequeñas por las cuales armamos tanto alboroto no hacen, finalmente, mucha diferencia en la vida. Lo importante es la unción de Dios, y lo único que mantiene esa unción es nuestra disposición a vivir juntos en paz y armonía.

¡Si queremos la unción de Dios debemos vivir juntos en paz y armonía con nuestros hermanos y hermanas en Cristo!

El amor no es egoísta

El amor es sufrido, es benigno; el amor no tiene envidia, el amor no es jactancioso, no se envanece, no hace nada indebido, no busca lo suyo, no se irrita, no guarda rencor...

—1 Corintios 13:4-5

La solución al problema de las discusiones y las contiendas es el amor. Debemos aprender a amar la paz y la armonía, y a amarnos con todo nuestro ser. Debemos amarlas tanto que prefiramos tenerlas aunque no nos den la razón o no se haga todo como queremos.

Esto es lo que dijo Pablo en 1 Corintios 15:31:...*cada día muero.* Morir al ego es algo que usted y yo tendremos que hacer diariamente, si hemos de conservar la paz y la armonía.

Recuerdo una discusión que mi esposo Dave y yo tuvimos hace pocos años sobre las líneas de colores que debíamos pintar en una van o camioneta que tenemos. ¿Ameritaba una guerra de seis meses o seis años con mi esposo, complacer mi deseo sobre el color de las líneas de nuestro vehículo? No estaré pegada a la ventana todo el día mirándolas, y aun si lo estuviera, pronto las cubriría el polvo y ni yo ni otra persona podríamos ver su color.

¿Por qué comenzamos guerras por cosas pequeñas e insignificantes? Por dos razones: Porque queremos tener la razón, y que se haga siempre nuestra voluntad, lo cual es egoísmo.

¿Cuál es la solución al problema del egoísmo? El amor que se interesa más por las opiniones y los deseos de los demás, que por los nuestros.

En este estudio el Señor nos pide a usted y a mí, que mediante el poder del Espíritu Santo hagamos algunas elecciones. Debemos escoger avanzar hacia un nivel más alto, renunciar a que todo sea conforme a nuestra voluntad siempre, y recordar que todo lo que haya en el corazón finalmente encontrará salida por la boca (Mateo 12:34).

La paz tiene un precio, pero si estamos dispuestos a pagarlo las recompensas valen la pena.

Sigan la paz

(Después de todo) el reino de Dios no es cuestión de *(obtener la)* comida o bebida *(que a uno le gusta)*, sino de justicia *(ese estado que hace a una persona aceptable ante Dios)*, paz y gozo en el Espíritu Santo.

Quien sirve a Cristo de esta manera agrada a Dios y es aceptado por Él, y aprobado por los hombres.

Así que definitivamente busquemos con ahínco la armonía y la mutua edificación *(y desarrollo)* entre nosotros.

—ROMANOS 14:17-19

La versión *Reina Valera Revisada* dice en el versículo 19: *Por lo tanto, sigamos lo que contribuye a la paz y a la mutua edificación.*

Creo que una de las cosas que el Señor nos revela en este pasaje es la necesidad vital de caminar en paz. Según Efesios 6:15, la paz hace parte de la armadura de Dios que debemos vestir.

Dios ha bendecido nuestro ministerio porque desde el comienzo se basó en ciertos principios que Él nos reveló y prescribió.

Cuando Jesús envió sus discípulos de dos en dos, les instruyó que fueran a cada ciudad y buscaran una casa apropiada para morar, diciéndole a la gente de la casa: "Paz sea a vosotros". Agregó que si eran aceptados permanecieran en la casa y ministraran, pero si eran rechazados salieran y sacudieran aun el polvo de sus pies (Mateo 10:11-15).

Me preguntaba por qué Jesús dijo tal cosa. Y el Señor me reveló que si los discípulos permanecían en una casa o ciudad que estaba en contienda, no podrían hacer un verdadero trabajo en ella. ¿Sabe por qué? Porque la contienda aflige o entristece al Espíritu Santo. Cuando la paz se va, el Espíritu Santo se va con ella, y Él es quien en realidad hace el verdadero trabajo ministerial.

Cuando usted visualiza a Jesús ministrando, ¿cómo lo ve? No con la actitud apurada que frecuentemente nosotros mantenemos. ¿No lo imagina ministrando en calma, tranquilidad y paz?

En un tiempo de Pascua o Semana Santa vi la película *Jesús de Nazaret,* y lo que más me conmovió fue Su manera de responder a las personas con quienes trataba. Algunas de ellas reaccionaban violentamente contra Él, maldiciéndolo y aun arrojándole objetos. Pero sin importar cómo lo trataran, jamás perdió la calma, se disgustó o respondió de mala manera. Pensé en el buen trabajo de los productores de la filmación pintando y mostrando la paz interior y la estabilidad que nuestro Señor conservó a pesar de las circunstancias externas que lo rodeaban.

Ese es un rasgo o una característica que usted y yo debemos desarrollar. Debido a que somos embajadores de Cristo necesitamos parecemos más a Él, ser más como nuestro Maestro. Si queremos hacer algo por nuestro Salvador y Señor, necesitamos desarrollar hambre y sed por su paz, porque esta es un área en la cual Satanás está robando a los hijos de Dios. Si tenemos un espíritu apacible, nuestra boca será apacible también.

¡Cuide su lengua!

Es cierto que es necesario dar orientación y consejo moral, pero la forma de decirlo y a quién se lo digas es tan importante como lo que expresas.

—1 TIMOTEO 1:8, EL MENSAJE

Los gestos, el tono de la voz, las expresiones faciales, todo esto conforma un mensaje, tanto como las palabras. Es posible pronunciar las palabras correctas y aún así transmitir un mensaje diferente.

En los primeros días de mi matrimonio, cuando mi esposo me pedía hacer algo que yo no quería, le respondía: "Sí, cariño". Pero lo decía en un tono tan sarcástico que él ya sabía lo que quería decir. No le estaba diciendo: "Sí, mi amor. Tú eres un esposo tan maravilloso que aunque no deseo hacer lo que me pides, lo haré porque te amo". En cambio mi respuesta quería decir: "Sí, cariño, haré lo que me pides, pero sólo porque tengo que hacerlo".

Las palabras decían sí, pero el tono de voz y la expresión facial transmitían un mensaje diferente.

Dos clases de ira

Porque la ira del hombre no promueve la justicia de Dios *(que Él desea y demanda).*

Así que desechen toda inmundicia y la maldad desenfrenada, y con un espíritu de humildad *(mansedumbre y modestia)*, reciban y denle la bienvenida a la Palabra, la cual, implantada y arraigada *(en sus corazones)* contiene el poder para salvar sus almas.

—Santiago 1:20-21

En este pasaje Santiago nos dice que la ira del hombre no promueve la justicia de Dios, lo cual es cierto. Por eso es que debemos controlar nuestra ira y otras emociones peligrosas.

Pero existe una ira justa. Creo que hay momentos cuando es correcto enojarse y demostrar ira.

Por ejemplo, Jesús se enojó y limpió el templo porque la gente estaba profanando la casa de Dios comprando y vendiendo en ella (Juan 2:13-17), sin un interés genuino por la gente. Entró a ese lugar derribando mesas, echando animales de Su presencia; látigo en mano reprendiendo lo que ocurría allí dentro, y no creo que hablaba en voz baja cuando lo hizo. Estaba enojado, y con toda la razón. Su ira era justa. Nosotros también tenemos el derecho de enojarnos como Jesús.

Dios nos dotó de emociones, y la ira es una de ellas. Sin la ira no podríamos discernir cuando alguien está abusando de nosotros. Si yo predicara que nunca debemos enojarnos estaría proclamando un imposible. Emociones como la ira y el enojo deben someterse al fruto espiritual del autocontrol.

Esa diferencia se debe decidir por lo que la Biblia llama "la ley de clemencia".

La ley de clemencia

Abre su boca con sabiduría y la ley de la clemencia está en su lengua.

—Proverbios 31:26

Uno de los problemas más grandes que afectaron mi aprendizaje de autocontrol sobre mi ira y mis palabras fue que durante los primeros años de mi vida había sido maltratada y abusada. Como resultado me convertí en una mujer dura y áspera. Había determinado que nadie más me heriría otra vez, y esa actitud influenció mis palabras y mi forma de hablar.

Aunque procuraba decirle cosas correctas y agradables a los demás, cuando esas palabras pasaban por mi alma y se impregnaban de la dureza y amargura que estaban escondidas en ella, salían de mi boca ásperas y duras.

No importa que tan recto sea su corazón delante del Señor, si tiene orgullo, enojo, o resentimiento en su espíritu, usted no podrá abrir su boca sin expresar esas emociones y rasgos negativos. ¿Por qué ocurre tal cosa? Jesús lo dijo:...*porque de la abundancia del corazón* (y del espíritu) *habla la boca* (Mateo 12:34).

Así, pues, el Señor tenía que hacer una obra en mí. La amabilidad llegó a ser un asunto crucial en mi vida. Parte de lo que el Señor me reveló en Su Palabra sobre este tema es Proverbios 31, el capítulo que habla de "la mujer virtuosa". Allí el escritor dice que en su lengua está la ley de la clemencia.

Cuando leí este versículo pensé: "Oh, Señor, yo tengo cualquier cosa en mi boca menos la ley de la clemencia". Me parecía que había tal dureza en mi interior que dondequiera abría mi boca, salía de ella un martillo.

Quizá usted se identifique con esta situación. Tal vez, como yo, ha sufrido maltrato y abuso y está lleno o llena de odio, resentimiento, desconfianza, ira y hostilidad. En lugar de amabilidad y clemencia sólo hay en usted acritud y dureza.

En lugar de vivir por la ley de la clemencia, vive por la ley de la selva.

El yugo de la bondad y la amabilidad

Tomen mi yugo sobre ustedes y aprendan de Mí, porque Yo soy manso y humilde de corazón, y hallarán descanso *(frescura, recreación y bendecida calma)* para sus almas.

Porque mi yugo es sano *(útil, bueno, no duro o áspero, ni cortante ni opresor, sino cómodo, confortable, grato y agradable)*, y mi carga es liviana y fácil de llevar.

—Mateo 11:29-30

Antes de que el Señor obrara en mi boca, mi forma de ser era terrible. Ni siquiera podía decirles a mis chicos que sacaran la basura sin sonar como un sargento instructor. ¿Quién quiere vivir con una persona así? Y yo no quería ser así, siempre tan impaciente e irritable.

¿Es usted así? Si la respuesta es afirmativa puedo decirle que se está volviendo la persona más infeliz. No le digo esto para arrojar sobre usted condenación, sino un poco de luz sobre las causas y las raíces de muchos de nuestros peores problemas.

Nuestro problema más grande está justamente debajo de nuestra nariz: en nuestra boca. Como ya lo vimos, Santiago nos dice que ningún hombre puede domar la lengua. Pero sí hay algo que podemos hacer al respecto. Entregársela a Dios pidiéndole que su Espíritu tome control de ella y la someta a Su voluntad y a Sus propósitos.

Esto es algo de lo que Jesús habló cuando nos invitó a tomar Su yugo sobre nosotros.

Sea amable, ¡pero firme!

Pero la sabiduría que es de lo alto es primeramente pura,
después pacifica, amable, benigna, llena de misericordia y de buenos frutos, sin incertidumbre ni hipocresía.
—Santiago 3:17

Sentada en mi hogar con la Concordancia de Strong en mis manos mirando las palabras "manso, suave y apacible", recuerdo que dije: "¡Señor, tienes que ayudarme!".

Pensé que jamás podría tener esas cualidades.

Finalmente el Señor escuchó mi oración y comenzó a obrar en mí en cuanto a la mansedumbre, la suavidad y la apacibilidad.

El único problema era que, como muchos otros en el Cuerpo de Cristo, era tan extremista que no podía lograr un "adecuado punto intermedio". Cuando veía que estaba desbalanceada en un área pensaba que debía ir al otro extremo. Me "ajustaba" y "adaptaba" demasiado. Llegué a ser tan "mansa", "amable" y "paciente" que no ejercía ninguna disciplina sobre mi hijo menor, quien nació cuando mis otros hijos estaban grandes.

También estaba fuera de borda en mi relación con los demás. Permitía que las cosas se salieran de control en mi matrimonio, en mi hogar y en mi ministerio.

El problema era que al ser tan acomodadiza y comprensiva, me volvía ineficaz tratando con personas y situaciones que requerían una mano firme. Me decía después de cada encuentro: "¡Oh Joyce, tú has llegado lejos! ¡Manejaste muy bien esa situación! ¡Fuiste tan *dulce*!".

Pensar que era muy *dulce* me hacía sentir bien, especialmente tratando a mi hijo. El problema era que él no estaba cambiando, al menos para bien. De hecho estaba empeorando.

Finalmente me enojé y se lo dije. Le advertí: "Mira, ¡no hagas eso otra vez!". Y no lo volvió a hacer. Siempre busque el equilibrio para ejercer firmeza en el amor y para adoptar una actitud moderada.

Ahora bien, mi nené es precioso para mí, pero llegan momentos cuando debo decirle de una manera fuerte: "¡Es suficiente! ¡Te amo, pero no te permito este tipo de actitud o comportamiento!".

De mis experiencias aprendí qué tan malo es un extremo como el otro. De todo esto lo que debemos aprender es equilibrio.

De un lado no debemos ser duros ni ásperos. Y del otro no podemos ser excesivamente débiles o blandos. No debemos ser impacientes o irritables, salirnos de casillas o perder el control de nuestras emociones. De otro lado no debemos ser tan suaves y moderados ni convertirnos en limpiapiés, o en postes de flagelación para todos los que se aprovecharían de nosotros si les damos la oportunidad.

Llega el tiempo de ser pacientes y sufridos, pero también el de ser firmes y decididos. Tiempo de ser "agradable" y tiempo para demostrar justa indignación. Es cuestión de ser sabios y saber cuándo mostrar lo uno o lo otro.

Sembrando en paz por quienes están en paz

Y la cosecha de justicia *(de conformidad con la voluntad de Dios en palabras y hechos)* es *(el fruto de la semilla)* sembrada en paz por quienes obran y hacen la paz *(en sí mismos y en otros, esa paz que significa concordia, acuerdo y armonía entre los individuos, imperturbables, con paz mental, libres de temores, agitación de pasiones y conflictos morales).*
—Santiago 3:18

Este es un pasaje bíblico sumamente importante.

¿Sabe por qué Satanás procura con tanto ahínco disgustarnos antes de ir a la iglesia? ¿Y por qué hace todo lo que puede para que el predicador esté disgustado antes de pasar al púlpito?

Porque no quiere que nos reunamos con una actitud de paz. Sabe que si hay agitación en nuestro interior las palabras que oímos rebotarán en nosotros. No se arraigarán. Nuestras palabras, pues, deben llevar vida y no confusión.

Este versículo dice que la cosecha de justicia es el fruto de la semilla sembrada en paz por quienes obran y procuran la paz en sí mismos y en otros.

Con razón el Señor me dijo que no tratara de sembrar paz en la vida de otros sin desechar la contienda en mi propia vida.

¿Se ha preguntado por qué escucha un mensaje predicado por diferentes personas en diversas ocasiones sin producirle ningún beneficio, y cuando repentinamente lo escucha otra vez tiene un tremendo efecto sobre usted? Es por la unción que hay en el mensaje predicado por alguien que siembra la semilla mientras vive en paz, alguien que no alberga contienda en su vida.

Eso no quiere decir que el predicador sea perfecto. Quiere decir que para que la Palabra de Dios se arraigue debe ser sembrada en un terreno de paz, por alguien que camina en paz.

Por eso, si usted desea o pretende trabajar para el Señor, tiene que eliminar de su vida la contienda.

Así de sencillo.

"¡Tenemos una opción!"

...escogeos hoy a quién sirváis...

—JOSUÉ 24:15

Aunque es el diablo quien procura y hace todo lo posible para que nos enojemos, en realidad no es él quien nos obliga a hacerlo; nos enojamos porque decidimos que así sea.

La elección siempre es nuestra.

¿Sabe que la forma como usted y yo reaccionamos en cada situación es una elección? Cada uno de nosotros tiene sus propias actitudes. Y las actitudes producen reacciones ante las situaciones. Todo el día y todos los días reaccionamos ante diferentes situaciones.

Pero no siempre lo hacemos de la misma manera.

¿Por qué dos personas que se ven atrapadas en la misma congestión vehicular reaccionan de maneras diferentes? Sus diversas actitudes las llevan a decidir de manera diferente.

Por eso es que a veces cuando le decimos algo a dos personas distintas, una se ofende y enoja, mientras que la otra no se molesta para nada.

Tengo una personalidad franca y sincera. Eso a algunos les gusta y a otros no. Quizá una persona piense que es maravilloso lo que he dicho, mientras la otra piensa que es terrible. ¿Por qué? Tal vez porque una es insegura y la otra no.

De la misma manera usted y yo tenemos la opción de escoger o elegir cómo reaccionaremos ante las diferentes situaciones de la vida.

"Ah, Joyce, eso no puede ser tan sencillo como hacer una simple elección. Seguramente se da cuenta que, tal como usted lo dice, las personas son diferentes y por lo tanto tienen distintas maneras de percibir, experimentar y relacionarse con las circunstancias y la influencia externa".

Sí, yo sé que cada uno de nosotros tiene un carácter y una conformación psicológica diferente, y que cada uno de nosotros ha sido expuesto a diversas experiencias en la vida, las cuales nos han formado y moldeado de manera disímil. Sé que en nosotros hay heridas y otro tipo de lesiones de orden mental, emocional y espiritual, y que no hay nadie que sea exactamente igual a otro. Pero la verdad es que, a pesar de nuestras diferencias, todos tenemos la capacidad de elegir cómo reaccionaremos ante las circunstancias y situaciones externas.

Nuestras lesiones y heridas pasadas nos hacen reaccionar negativamente, pero podemos superar y cambiar esas respuestas negativas aprendiendo la Palabra de Dios y escogiendo actuar de acuerdo con ella, en lugar de reaccionar ante las circunstancias.

Dios nos ha creado con libre albedrío, con una voluntad libre, con la capacidad y la libertad de tomar nuestras propias decisiones en la vida. Creo que la palabra que Él está compartiendo con nosotros en este momento es la misma que le dijo a los hijos de Israel en los días de Josué:...*escogeos hoy a quién sirváis*...(Josué 24:15)

En otras palabras: ¡Crezcan!

Capítulo 12

No hable lo malo

La lengua apacible es árbol de vida;
pero la perversidad de ella
es quebrantamiento de espíritu.
—Proverbios 15:4

Este versículo refleja el mismo de Proverbios 18:21 donde dice que con nuestra boca ministramos vida o muerte.

Por eso es que la Palabra de Dios dice que seamos cuidadosos con la manera de usar nuestras bocas, y que le prestemos atención a nuestras palabras. Como nos lo dice Pablo en Efesios 4:29: *Ninguna palabra corrompida salga de vuestra boca, sino la que sea buena para la necesaria edificación, a fin de dar gracia a los oyentes.*

Usted y yo jamás debemos decir cosas que influencien a la gente a darse por vencida o a desanimarse. No debemos contaminarnos ni contaminar a los demás con las palabras negativas que pronuncian nuestros labios.

El escritor de los proverbios nos dice que la perversidad de la lengua quebranta el espíritu. Note que escribimos la palabra "espíritu" con e minúscula, porque este versículo no está hablando del Espíritu Santo, sino al del espíritu humano. La depresión del espíritu humano es otro problema creado y magnificado por los pensamientos y las palabras erróneos, nuestros o de otras personas.

No debemos utilizar nuestra boca para herir, quebrantar, o deprimir, sino para sanar, restaurar y exaltar.

Magnifique lo bueno sobre lo malo

> No seas vencido de lo malo, sino vence con el bien el mal.
>
> —ROMANOS 12:21

Lo que creo el Señor desea que asimilemos de este estudio es que en cada situación está el bien y el mal, tal como hacen parte de cada ser humano.

En cada día que usted y yo vivimos hay situaciones que nos agradan y otras que las haremos con rapidez para deshacernos de ellas.

Además de magnificar a Dios, porque somos hijos de la luz, Él quiere que aprendamos a magnificar lo bueno que hay en la vida, tanto de los demás como en la nuestra.

En este sentido, magnificar significa agrandar. Cuando levantamos nuestra voz, diciendo: "Oh Señor, te magnificamos", lo que queremos decir es que vemos a Dios más grande que nuestros problemas. Eso es lo que Él desea que hagamos con lo bueno de nuestras vidas, que lo veamos más grande que lo malo.

Y otra vez, esta es una opción, una elección que debemos hacer constantemente hasta que se vuelva un hábito en nosotros.

Conquistando la fortaleza del negativismo

Porque las armas de nuestra guerra no son físicas *(de carne y sangre)*, sino poderosas delante de Dios para la conquista y destrucción de fortalezas.

—2 Corintios 10:4

La Biblia habla de las fortalezas que hemos construido en nuestro interior, especialmente en nuestra mente. Ellas nos causarán problemas, hasta que sean destruidas.

El Señor me ha mostrado que una fortaleza es como una pared de ladrillos. Se construye paso a paso, ladrillo por ladrillo, rotando cierta clase de pensamientos en la mente. Podríamos decir que al tener los mismos pensamientos una y otra vez, durante un cierto período de tiempo, se hacen canales, o surcos en la mente. Una vez establecidas estas formas habituales de pensar y de mirar las circunstancias, se tornan muy difíciles de cambiar.

En cierta oportunidad aconsejé a una joven que tenía una autoimagen desecha. Durante toda su vida le habían repetido que era buena para nada y que nada llegaría a ser. Cuando llegó a la edad adulta comenzó a repetirse a sí misma ese mensaje: "No soy buena para nada, nunca llegaré a ser nada. Algo debe andar mal en mí. De otro modo, la gente me amaría y trataría bien".

Entiendo bien cómo se forman esas fortalezas en la vida de una persona porque yo las tenía en la mía. Como ya lo dije, yo era muy negativa en mi forma de pensar y hablar. La razón era que me habían ocurrido muchas cosas negativas, se habían dicho de mí, y se me habían dicho muchas palabras negativas.

Crecí en un ambiente bastante negativo, rodeada por gente igualmente negativa que miraba todo de esa manera.

Y aprendí a hacer lo mismo; así que cuando llegué a ser una mujer adulta comprendí que me estaba protegiendo mediante una visión negativa de la vida. Pensaba que si no esperaba que me ocurriera nada bueno, no me sentiría frustrada o decepcionada cuando nada bueno ocurriera.

Pero no olvide que también me deprimía y era una persona difícil de tratar. Además tenía una tremenda cantidad de achaques relacionados con las personas negativas.

Desarrollando mí ministerio he conocido personas así todos los días. Como yo, han sido levantadas en una atmósfera negativa, de tal manera que tienen una actitud negativa. No resulta muy agradable estar a su alrededor, ni ellos son felices. Pero hay una manera de evitar ser negativos, o de vencer el negativismo si aún sufre de él.

Un informe negativo

> Y hablaron mal entre los hijos de Israel de la tierra que habían reconocido, diciendo: La tierra que recorrimos y exploramos es tierra que se traga a sus habitantes. Todo el pueblo que vimos en medio de ella es gente de gran estatura.
>
> —NÚMEROS 13:32

En este pasaje bíblico hay una verdad que yo quisiera establecer bien en usted:

Dios considera perversos los informes negativos.

De ahí el título de este capítulo: "No hable lo malo".

No solamente no debemos de hablar negativamente acerca de nuestras circunstancias, como lo hicieron los espías

No hable lo malo

hebreos y cayeron bajo la corrección del Señor; tampoco debemos hablar negativamente de las otras personas.

¿Conoce a alguien perfecto? ¿Ha encontrado el pastor perfecto, la iglesia perfecta o el empleo perfecto? ¿Vive en un vecindario perfecto? ¿Todos en su área mantienen el carro, el patio y la casa en perfectas condiciones?

Todos los que estén en este ámbito natural tienen algo de malo. El apóstol Pablo dice que cuando Jesús regrese para llevarnos con Él, dejaremos lo corruptible y nos vestiremos de incorrupción (1 Corintios 15:51-55). Pero mientras estemos aquí, en este ámbito terrenal, siempre contenderemos con la corrupción, incluyendo a otras personas.

Como nosotros, la mayor parte de la gente es una "mixtura". La mayoría tiene algo bueno y algo malo, pero Dios no quiere que magnifiquemos lo malo que hay en nosotros y en los demás. Él quiere que magnifiquemos lo bueno.

El apóstol Pedro dice que el amor cubre multitud de pecados (1 Pedro 4:8). Y eso es lo que usted y yo debemos hacer. Estamos para cubrir, no para exponer, las imperfecciones humanas.

Ahora bien, no estoy hablando de cerrar nuestros ojos ante todo lo malo de la vida, de no reconocerlo y tratarlo. En este estudio no estoy hablando de nuestras acciones externas, sino de los pensamientos que ocupan nuestra mente y de las palabras que salen de nuestra boca.

Sin importar lo mal que una persona actúe contra usted o contra mí, el hecho de que se lo contemos a todos los que encontremos en el camino, no mejorará ni un ápice la situación. Sólo un acto la mejorará: volver nuestros rostros al Señor suplicando su ayuda.

La razón para desechar esta actitud de quejarnos ante otros de nuestra situación es porque cada vez que lo hacemos, agregamos otro ladrillo a la fortaleza que se está construyendo en nuestra vida.

No quiere eso decir que nunca debamos hablar de nuestra situación o nuestros problemas. Si necesitamos consejo en esa área debemos buscarlo. Si podemos discutir el problema con alguien que tiene la capacidad de resolverlo, debemos hacerlo. Pero hablar por hablar de una situación negativa no la mejora, la empeora.

No digo que nunca debamos mencionar nuestros problemas, lo que quiero decir es que debemos hablar con propósito.

En Mateo 12:36 Jesús dijo que se nos pedirá cuenta por la charla vana e inútil. La versión bíblica, Reina Valera Revisada, dice textualmente... *toda palabra ociosa*... Es necesario mantener en mente esa verdad *antes de abrir nuestra boca*. Ese fue el error que cometieron los espías hebreos y les acarreó la represión del Señor: entregar un informe negativo y perverso a Moisés y al pueblo de Israel.

¿Informe bueno o malo?

Al cabo de cuarenta días regresaron de reconocer la tierra.

Fueron y se presentaron ante Moisés, Aarón, y toda la congregación de los hijos de Israel, en el desierto de Parán, en Cades. Les dieron la información a ellos y a toda la congregación, y les mostraron los frutos de la tierra.

También les contaron: Nosotros llegamos a la tierra a la cual nos enviaste, la que ciertamente fluye leche y miel; estos son sus frutos.

Pero el pueblo que habita aquella tierra es fuerte, y las ciudades muy grandes y fortificadas; y también vimos allí a los hijos de Anac.

Entonces Caleb hizo callar al pueblo delante de Moisés, y dijo: —subamos luego, y tomemos posesión de ella, porque más podremos nosotros que ellos.

Pero los hombres que subieron con él dijeron: —No podemos subir contra aquel pueblo, porque es más fuerte que nosotros.

Y hablaron mal entre los hijos de Israel de la tierra que habían reconocido, diciendo: —La tierra que recorrimos y exploramos es tierra que se traga a sus habitantes. Todo el pueblo que vimos en medio de ella es gente de gran estatura.

También vimos allí gigantes, hijos de Anac, raza de los gigantes. Nosotros éramos, a nuestro parecer, como langostas, y así les parecíamos a ellos.

—NÚMEROS 13:25-28; 30-33

Como recordará, cuando los 12 espías regresaron de su expedición exploradora dentro de la tierra prometida, sólo Josué y Caleb rindieron un informe favorable. El informe de los otros 10 fue negativo.

¿No fueron los 12 al mismo lugar y no tuvieron las mismas experiencias? Entonces, ¿por qué esta discrepancia en sus informes?

Cinco personas pueden enfrentar la misma prueba. Cuatro son totalmente derrotados debido a la forma como la miran, mas el quinto sale victorioso, ¡precisamente por la misma razón!

¿Por qué la diferencia? Porque el quinto escogió magnificar lo bueno, mientras los otros cuatro decidieron magnificar lo malo.

¡Recuérdelo! Como los gigantes en la tierra de Canaán, cualquier situación que sea magnificada será más y más grande ante los ojos de quien la magnífica.

Cualquier cosa de la que usted y yo hablemos, llegará a ser real para nosotros, bien sea de manera positiva o negativa.

Mantenga el vaso limpio y apto para que el Maestro lo utilice

En una casa grande, no solamente hay utensilios de oro y de plata, sino también de madera y de barro; unos son para usos honrosos, y otros para usos comunes.

Así que, si alguno se limpia de estas cosas, será instrumento para honra, santificado, útil al Señor y dispuesto para toda buena obra.

—2 Timoteo 2:20-21

Resulta difícil abstenernos de hablar de nuestros problemas. ¿Sabe por qué? Porque nos gusta la compasión. Queremos que nos compadezcan. Pero si continuamos contándole a todo el mundo cómo nos sentimos y las cosas terribles que hay en nuestra vida, no pasará mucho tiempo antes de que nos quedemos sin a quien decírselas. Es posible contagiar a los demás con nuestros informes negativos, aun a quienes más se interesan por nosotros.

Sin importar cuánto nos amen otras personas, no querrán oír el mismo informe negativo día tras día. Y una de las razones es porque también ellos tienen sus propios problemas, y no quieren ni necesitan los nuestros.

Y eso es comprensible.

¿Cuántos de nosotros podemos decir con sinceridad que nos gusta escuchar los problemas ajenos todo el tiempo? Porque si nos gusta, ¡necesitamos consejería y oración!

Usted y yo tenemos dos responsabilidades sobre los "informes negativos y perversos". Una es no darlos, y dos, no recibirlos.

Cada uno de nosotros es responsable de no hablar a otros negativamente, y de no permitir que otros nos hablen de esa manera.

Es nuestra responsabilidad ayudarnos los unos a los otros, de buena manera, a salir del molde o patrón negativo en la manera de pensar y hablar de los demás, de nosotros, y de las situaciones que debamos enfrentar y manejar en la vida.

Hace un tiempo la gente me traía chismes y yo me sentía obligada a escuchar lo que decían. Debo admitir que de mi parte aún había el deseo de escuchar, entonces me justificaba, diciendo: "Bueno, no les puedo decir que no lo hagan porque no quiero herir sus sentimientos".

Pero eso no es lo que el apóstol Pablo nos dice en los versículos de Efesios 4, que ya vimos. Dice que no debemos contaminar nuestras mentes, o las de quienes nos rodean.

Según lo que escribió Pablo a su joven discípulo Timoteo, se espera de usted y de mí que seamos vasos limpios. Se espera que nos conservemos puros, y que contribuyamos para que los demás se conserven de la misma manera.

Y una forma de hacerlo es pensando y hablando como Dios quiere que lo hagamos. Siempre debemos ser muy conscientes de nuestros pensamientos y palabras porque Dios las oye y las registra en su libro de memorias.

El libro de memorias de Dios

Entonces los que temían al Señor hablaron cada uno a su compañero; y el Señor escuchó y oyó, y fue escrito libro de memoria delante de él para los que temen al Señor, y para los que piensan en su nombre.
—MALAQUÍAS 3:16

Creo que el corazón de Dios se alegra cuando nos oye decir lo correcto. Pero también creo que se entristece cuando escucha que utilizamos nuestra boca para chismosear, quejarnos, hallar faltas en otros y calumniar, causándonos problemas a nosotros mismos y a los demás porque magnificamos lo malo en lugar de magnificarlo a Él. Piénselo. Usted y yo tenemos la oportunidad de alegrar el corazón de Dios, y una forma de hacerlo es magnificándolo en nuestras conversaciones. Podemos andar como hijos de luz, siendo sal y luz del mundo, exaltando el nombre del Señor ante quienes nos rodean. También podemos exaltar al diablo y sus obras.

Recuerdo cómo era yo antes de que el Señor me revelara muchas de las verdades que ahora le estoy compartiendo a través de este libro. Era demasiado criticona y negativa. Entraba en la casa que alguien acababa de decorar, y en lugar de apreciar el bello trabajo que había sido hecho, todo lo que podía mirar era un área pequeñita en donde el papel de colgadura no estaba perfecto. "Debe corregir ese defecto", decía ignorando todo lo bueno que había sido hecho.

Yo tuve una personalidad de esas que señalan los problemas. Esto no es del todo malo, porque si nadie señalara los errores de mi vida y ministerio, tendría un verdadero problema.

Pero el Señor me ha mostrado que no puedo ir por todo lado magnificando los problemas y al mismo tiempo caminar gozoso y en paz. Aunque hay problemas en mi vida y ministerio, si yo magnifico lo negativo que veo, esa actitud no bendecirá, ayudará, edificará o animará, ni a mí ni a nadie. No quiere decir que debo ignorar las cosas negativas. Significa que debo mantenerlas en la perspectiva apropiada.

Ahora cuando entro a la casa recién decorada, aunque todavía veo las pequeñas imperfecciones, no enfoco ni llamo la atención hacia ellas. Más bien digo algo como: "Me encanta su tapete".

Menciono lo positivo y alentador que encuentro. Luego en privado señalo los problemitas con el papel, diciendo: "Supongo que usted corregirá este pedacito de papel levantado". Como puede ver, hay maneras apropiadas de tratar los asuntos sensibles o delicados. La Biblia dice que Dios nos escucha para saber cómo nos comportamos en todas las circunstancias de la vida.

¡Dé un informe bueno, no uno malo!

Amalee habita el Neguev; y el heteo, el jebuseo y el amorreo habitan en el monte; el cananeo habita junto al mar y a la ribera del Jordán.

—NÚMEROS 13:29

Cuando los exploradores hebreos regresaron con su informe después de espiar la tierra que el Señor había prometido darles, hablaron de los diferentes pueblos que la ocupaban: Los amalecitas, los heteos, los amorreos, los jebuseos, y los cananitas. Cada uno de ellos representaba un problema para los hijos de Israel.

Fue entonces cuando los 10 informaron: "Sí, es una tierra que, ciertamente, fluye leche y miel, pero..." Y son siempre los "peros" ante la vida los que nos causan problemas.

Estos 10 conmovieron a los millones de Israelitas que esperaban la decisión de cruzar el Jordán y tomar posesión de su herencia. Cuando el pueblo comenzó a escuchar el "informe negativo" se contagiaron con la misma actitud de los 10, y empezaron a murmurar, a dudar y a tener miedo.

Como vimos en el versículo 30, Caleb observó lo que estaba ocurriendo, e inmediatamente se puso de pie de un salto y procuró callar a los murmuradores asegurándoles que con la ayuda del Señor eran capaces de conquistar y someter la tierra.

Pero en lugar de escuchar el informe de los dos optimistas y positivos, Caleb y Josué, el pueblo escuchó el informe malo de los 10.

Cada día, usted y yo, tenemos la oportunidad de dar el informe bueno, o el malo, magnificando al Señor, o al enemigo. Por eso el Señor nos ha dado este mensaje de su Palabra, para que elijamos usar nuestras bocas hablando lo bueno y no lo malo.

Tiempo de guardar silencio y tiempo de hablar

Todo tiene su tiempo, y todo lo que se quiere debajo del cielo tiene su hora:

...tiempo de callar y tiempo de hablar...

—Eclesiastés 3:1-7

Como vemos en estos versículos de Eclesiastés, hay un momento y un tiempo para todo. Eso significa que hay un tiempo para tratar con los problemas, y otro para no hacerlo. Un tiempo para decirle a alguien que el papel de su pared está despegado, y otro para guardar silencio al respecto.

Es sabiduría tener la capacidad de saber cuándo hablar y cuándo no. Pero como una regla general, siempre es oportuno exhortar y animar a la gente.

El escritor Mark Twain solía decir que él podía vivir dos meses con un buen cumplido. Creo que eso es cierto y válido para todos.

El diablo hace un trabajo efectivo destruyendo y apaleando a todo el mundo. No necesita de nuestra ayuda en esa tarea. Es necesario que estemos del lado de Dios, no del lado del enemigo.

Ese es parte del problema. Nuestra naturaleza caída gravita, naturalmente, hacia el lado malo de las cosas. Quiere encontrar faltas en otros y magnificar los problemas. Pero nuestra naturaleza renacida quiere bendecir a todos y magnificar lo bueno.

Como siempre, finalmente nosotros elegimos y decidimos.

¡Olvide el pasado y siga adelante!

Hermanos, yo mismo no pretendo haberlo ya alcanzado; pero una cosa hago: olvidando ciertamente lo que queda atrás y extendiéndome a lo que está delante, prosigo a la meta, al premio del supremo llamamiento de Dios en Cristo Jesús.

—FILIPENSES 3:13-14

El diablo quiere que le prestemos atención a las muchas veces que hemos caído, no a las muchas cuando nos hemos levantado. Quiere que pensemos en lo mucho que nos hace falta por recorrer, no en lo lejos que hemos llegado. Que recordemos las ocasiones cuando hemos fracasado, no los numerosos éxitos que hemos tenido.

Pero el Espíritu de Dios quiere que nos concentremos en los puntos fuertes, no en las debilidades; en nuestras victorias, no en nuestras derrotas; en nuestras alegrías, no en nuestros problemas. Esas son las circunstancias que debemos magnificar: las obras del Señor; no las obras del diablo.

Y es necesario que ayudemos para que otros aprendan a hacer lo mismo.

Con frecuencia hay personas que se me acercan, diciendo: "Joyce, yo no sé cuál es mi ministerio".

Yo les respondo: "Bueno, mientras el Señor se lo revela, ¿por qué no prueba con el ministerio de la exhortación, la edificación y el estímulo para otros?".

Estas acciones siempre son nuestro ministerio. Siempre será nuestro llamamiento instar a otros para que sean todo lo que pueden ser en Cristo Jesús; siempre animándolos a avanzar hacia el premio del cual habla el apóstol Pablo.

¡No magnifiquemos lo malo, magnifiquemos lo bueno! Hagámoslo más grande hablando de ello, siendo positivos en nuestros pensamientos, actitudes, apariencia, y en nuestras palabras y acciones.

Como ya lo dije, en un tiempo fui tan negativa que no podía ver lo positivo. Luchaba y me esforzaba hasta que finalmente el Señor me dijo: "Joyce, si me das tu mente, un día serás tan positiva, como eres de negativa ahora".

El Señor quería que yo renunciara a todas las obras de la carne y que comenzara a confiar tan solo en Su ayuda.

Si usted es negativo o negativa le sugiero no despreciar un plan de 10 puntos para volverse a sí mismo una persona positiva. Todo lo contrario, le sugiero rendir o someter su voluntad al Señor, quien es todo positivismo. Dígale: "Señor, quiero ser como tú. Ayúdame a dejar de ser negativo o negativa, y a tener el positivismo tuyo". ¡Pídale a Dios que lo transforme!

Haga lo que Dios le diga. Coopere con Su Espíritu, siga Su liderazgo y Su dirección mientras se mueve de las tinieblas a la luz, del negativismo al positivismo, de la muerte a la vida.

La parte de Dios y la nuestra

Mi pacto con él fue de vida y de paz. Se las di para que me temiera, y él tuvo temor de mí y ante mi nombre guardaba reverencia.

La ley de verdad estuvo en su boca, iniquidad no fue hallada en sus labios; en paz y en justicia anduvo conmigo, y a muchos hizo apartar de la maldad.

—MALAQUÍAS 2:5-6

Este pasaje habla de los sacerdotes y de la clase de boca que se supone deben tener. Como ministra del Evangelio que soy, naturalmente este tema es de gran interés para mí.

Pero en realidad, según Apocalipsis 1:6, todos nosotros somos reyes y sacerdotes porque Jesucristo... *nos hizo reyes y sacerdotes para Dios, su Padre, a él sea gloria e imperio por los siglos de los siglos. Amén.*

Por eso cada uno de nosotros debe prestar especial atención a este versículo en el cual se nos dice que Dios tiene un pacto con sus sacerdotes.

Ahora bien, dondequiera hay un pacto entre dos individuos, cada uno tiene su parte en ese acuerdo o contrato. En nuestro pacto con el Señor Él tiene que cumplir una parte y nosotros la otra. Como Él conviene en darnos vida y paz, nuestra parte es reverenciarlo, adorarlo y venerar su nombre.

Pues bien, si tenemos hacia Él un temor reverente, si lo veneramos y reverenciamos su nombre, entonces no usaremos nuestras bocas para hablar lo malo contra los miembros de su pueblo, pues le servimos a ellos como sacerdotes del Señor.

La raíz del hablar perverso

> Por eso eres inexcusable, hombre, tú que juzgas, quienquiera que seas, porque al juzgar a otro, te condenas a ti mismo, pues tú, que juzgas, haces lo mismo.
>
> —ROMANOS 2:1

¿Sabía que el chisme, la calumnia y el vituperio tienen una raíz, tal como la tiene un árbol, una flor o la maleza? La raíz de estas cosas es la acción de juzgar, el veredicto. Y la raíz del juicio es el orgullo.

Así que cuando hablamos mal de otras personas lo hacemos porque pensamos que somos mejores que ellas.

Una vez yo estaba hablando de alguien y el Espíritu del Señor me dijo: "¿Quién te crees tú?".

A los ojos de Dios lo malo es malo y el pecado es pecado. Todo esto es desagradable y de mal gusto para ÉL Y es peligroso, además. Por eso el Señor nos advierte en Mateo 7:1-2:

> No juzguéis, para que no seáis juzgados, porque con el juicio con que juzgáis seréis juzgados, y con la medida con que medís se os medirá.

Luego, en los versículos 3-5 de la Nueva Versión Internaciona, Él agrega:

> ¿Por qué te fijas en la astilla que tiene tu hermano en el ojo y no le das importancia a la viga que está en el tuyo? ¿Cómo puedes decirle a tu hermano: "Déjame sacarte la astilla del ojo", cuando ahí tienes una viga en el tuyo? ¡Hipócrita!, saca primero la viga de tu propio ojo, entonces verás con claridad para sacar la astilla del ojo de tu hermano.

Esta es mi paráfrasis de este pasaje: "¿Por qué procuras sacar el palillo del ojo de tu hermano, cuando tienes un poste de teléfono en el tuyo?".

Yo entendí lo que el Señor quiso enseñarme cuando me dijo: "¿Quién te crees tú?". Porque añadió: "¡Es de mi hijo de quien estás hablando!".

Así, pues, por esa experiencia aprendí a ser muy cuidadosa con eso de criticar, juzgar y condenar a los demás, especialmente a otros creyentes, porque como ministra, como sacerdotisa de Dios, esto constituye una violación de mi llamamiento divino. Siendo que usted también es un sacerdote de Dios, con tal comportamiento viola su llamamiento divino.

Guarde la ley de verdad en su boca

La ley de verdad estuvo en su boca, iniquidad no fue hallada en sus labios; en paz y en justicia anduvo con migo, y a muchos hizo apartar de la maldad.

Porque los labios del sacerdote han de guardar la sabiduría, y de su boca el pueblo buscará la Ley; porque es mensajero de Jehová de los ejércitos.

—MALAQUÍAS 2:6-7

Como reyes y sacerdotes de nuestro Dios, es necesario que usted y yo guardemos la ley de verdad en nuestras bocas.

Como ya lo hemos visto, eso significa muchas cosas: no criticar, juzgar ni condenar, no ser chismoso ni fisgón o entrometido.

¡No sea entrometido!

Así que, ninguno de vosotros padezca como homicida, o ladrón o malhechor, o por entrometerse en lo ajeno.

—1 PEDRO 4:15

En la Biblia El Mensaje este versículo dice:

Si sufren porque quebrantaron la ley o perturbaron la paz, ese es otro asunto.

¿Qué es un entrometido? El diccionario lo define como "alguien que se preocupa indebidamente de los asuntos ajenos". "Persona husmeadora". Mi definición de un entrometido es: "Persona que escarba y busca informes negativos y perversos, y se da a la tarea de difundirlos mediante el chisme, la murmuración y la calumnia".

El diccionario define al chismoso como "persona que habitualmente repite rumores, hechos íntimos o privados". Mi definición del chismoso es: "Alguien que magnifica y 'sensacionaliza' los rumores y la información parcial".

Al calumniador ya lo definimos: "Quien se dedica a encontrar faltas en el comportamiento, en la conducta de otros, y difunde insinuaciones malignas y críticas en la iglesia". "Expresión de afirmaciones difamatorias, dañinas para la reputación o el bienestar de una persona. Un informe o declaración maliciosa". "Expresar informaciones dañinas".

El diccionario define murmuración como: "Una creencia, rumor o insinuación expresada subrepticia o secretamente". "Hablar en privado, chismoseando calumniando o intrigando".

Un murmurador habla en secreto o en privado para difundir chismes, calumnias o intrigas.

Cuando pensamos en definiciones como ser entrometido, chismoso, murmurador, o aun calumniador, no parece tan malo como ser un asesino, un malhechor, un ladrón o un criminal. No obstante, el apóstol Pablo menciona todas estas prácticas juntas como pecado ante los ojos de Dios. Otra gran instrucción bíblica que debemos tener en cuenta está en 1 de Tesalonicenses 4:11, en la Biblia El Mensaje dice:

Manténganse en calma, ocúpense de sus propios asuntos, hagan su trabajo. Ya se lo hemos dicho antes, aunque un recordatorio siempre viene bien.

El pecado de la exageración

El Señor me ha revelado que aun el aparentemente inofensivo hábito de exagerar, es tan pecaminoso como cualquier otro de los actos que ya mencioné.

¿Por qué siempre queremos exagerar? Porque deseamos que las circunstancias parezcan mejores, cuando son buenas, y peor cuando son malas. Parece algo inherente a la naturaleza humana exagerar e inflar las situaciones más allá de su exacta proporción.

En este versículo el Señor dice que los labios de Sus sacerdotes están para guardar y conservar puro el conocimiento de Su Ley. Porque el pueblo busca, inquiere y requiere instrucción de la boca del sacerdote, pues es el mensajero de Dios.

Usted y yo, como mensajeros e intérpretes de Dios, necesitamos estar seguros de que tanto la ley de la verdad como la ley de la bondad están en nuestras bocas, y que no hablamos perversidad con nuestros labios.

Capítulo 13

La lengua apacible

Escuchad, porque voy a decir cosas excelentes,
voy abrir mis labios para cosas rectas.
Porque mi boca dice la verdad, y mis labios abominan
la impiedad. Justas son todas las razones de mi boca:
nada hay en ellas perverso ni torcido; todas
ellas son claras para el que entiende y rectas
para los que han hallado sabiduría
—Proverbios 8:6-9

Este pasaje debe ser no sólo nuestra confesión y testimonio, sino también nuestra reputación. Es decir, que no sólo debe ser lo que afirmamos de nosotros, sino también lo que de nosotros afirman los demás.

Lamentablemente todos en esta vida hemos aprendido a hablar de manera circular. Frecuentemente, quienes nos escuchan cuando terminamos de hablar, no tienen la menor idea de lo que hemos dicho. Necesitamos aprender a comunicarnos de manera abierta, franca, veraz y sincera.

Como nos dice Santiago, de una misma boca no deben salir bendiciones y maldiciones. Todo lo contrario, debemos ser como la mujer virtuosa de la cual habla Proverbios 31: En nuestra boca debe estar la ley de la clemencia.

Como hijos de Dios, llenos de su Espíritu, hemos sido llamados para manifestar el fruto del Espíritu, especialmente la bondad, la mansedumbre y la humildad.

Esa debe ser nuestra disposición.

¿Cuál es su disposición?

León rugiente y oso hambriento es el malvado que gobierna sobre el pueblo pobre.

—PROVERBIOS 28:15

El diccionario define la palabra disposición como "el humor habitual de una persona. Temperamento, tendencia o inclinación habitual, la manera habitual de reacción emocional".

¿Qué clase de disposición tiene usted? ¿Es básicamente alegre y bondadoso, o gruñón y malhumorado? ¿Es dulce y amable, o agrio y ruin? ¿Es de buen temperamento o se enoja con facilidad? (Si es lo segundo, ¿conserva su enojo por largo tiempo?) ¿Es positivo e imbatible, o negativo y susceptible a la depresión? ¿Es calmado y fácil de complacer, o áspero y exigente?

Como ya lo dije, parecía que estaba rodeada de gente con una disposición negativa. Es difícil complacer a una persona que tiene este tipo de disposición. Si ha estado cerca de una persona así, estoy segura de que entiende lo que digo. Parece que siempre quieren algo diferente a lo que tienen. Cuando comen pollo frito expresan su disgusto porque no es asado. Este es un ejemplo muy simple, pero seguramente lo entiende.

A una persona con esa clase de disposición se le llama "gruñón", "malhumorado", "un oso".

¿Cuál es su disposición? ¿Es usted un "oso gruñón" o un "osito de peluche?"

La disposición orgullosa

Abominable es para Jehová todo altivo de corazón; ciertamente no quedará impune.

—Proverbios 16:5

Las personas con una disposición orgullosa son muy difíciles de tratar porque son arrogantes. No se les puede decir nada porque lo saben todo acerca de todo. Como son tan dogmáticos siempre están a la defensiva, lo cual hace difícil que puedan recibir corrección porque implicaría admitir que están equivocados, y eso es algo que ellos encuentran imposible de hacer.

En mi ministerio el Señor me utiliza para corregir mediante su Palabra. Generalmente la naturaleza carnal no se ocupa de eso, pero la corrección nos hace crecer en el Señor. Aunque procuro hacerlo con amor, a veces algunas personas reaccionan contra mí porque su orgullo las lleva a resistir la verdad. Pero Jesús dijo que es la verdad la que nos hace libres (Juan 8:32).

Recuérdelo: La gente libre es gente feliz.

Además de estar siempre a la defensiva, las personas orgullosas están ocupadas procurando convencer a otros sobre su necesidad de cambiar o lo que deben hacer.

Para mí fue asombroso aprender que mi tarea no es convencer a nadie. Ese es el trabajo del Espíritu Santo. En Juan 16:8 Jesús dijo que es el Espíritu Santo quien convence a la gente de la verdad. Eso quiere decir que usted y yo no tenemos que "jugar a ser Dios" en la vida de otras personas.

Ya le dije que yo hacía eso con mis hijos. No sabía enseñarles como lo hacía mi esposo: decirles lo que debían y no debían hacer, basado en la Palabra de Dios, y luego se ocupaba de sus asuntos permitiéndole al Espíritu Santo convencerlos de la verdad.

Si necesitaban corrección, pensaba que era mi tarea convencerlos de que ellos estaban equivocados y yo tenía la razón. Les daba discursos y les predicaba durante interminables horas, procurando que estuvieran de acuerdo conmigo. Ese enfoque repetitivo y cansón sólo hizo que una parejita de niños se sintiera frustrada. Le doy gracias a Dios porque Él sanó y restauró nuestra relación.

Las personas orgullosas creen que deben convencer a otros de que ellos tienen la razón y los demás están equivocados. Como nos dice este versículo de Proverbios, ese tipo de enfoque superior y dominante no agrada a Dios porque Él desea que Sus hijos sean bondadosos y humildes, no arrogantes y orgullosos.

Generalmente las personas orgullosas también son muy rígidas, lo cual explica por qué a menudo son tan estrictos y tienden a imponer disciplinas. Tienen su propia manera de hacer las cosas, y si a alguien no le agrada reaccionan fuerte y a veces violentamente. "¡Esto es así! ¡Así se hacen las cosas!", o algo por el estilo.

Como así era yo con mis hijos, mi esposo, quien estuvo en el ejército, me decía que yo hubiera sido un buen sargento instructor. Pero esa actitud y comportamiento con mi propia familia no produjo los resultados que yo quería o esperaba. En realidad produjo el efecto opuesto.

Finalmente, la gente orgullosa es gente complicada. Aunque la Biblia nos llama a una vida sencilla, ellos creen que deben agrandarlo todo y hacer una montaña de cada verruguita. Se debe, en parte, a que piensan que deben descubrirlo todo, saberlo todo en cada situación y conocer el porqué de todo lo que ocurre en la vida.

Todo esto nos ayuda a entender por qué, generalmente, los orgullosos son personas infelices. Y la gente infeliz no puede hacer feliz a los demás.

Entonces esto nos lleva a la pregunta: ¿Dios quiere que tengamos la clase de disposición, que es una bendición para nosotros y para otros? ¿Nos ha dado Él un ejemplo que pueda servirnos de modelo?

La disposición apacible

Este es mi siervo, a quien he escogido; mi amado, en quien se agrada mi alma. Pondré mi Espíritu sobre él, y a los gentiles anunciará juicio.

No contenderá ni voceará, ni nadie oirá en las calles su voz.

La caña cascada no quebrará y el pábilo que humea no apagará, hasta que haga triunfar el juicio.

En su nombre esperarán los gentiles.

—Mateo 12:18-21

Como creyentes, como hijos amados de Dios creados a Su imagen, Él quiere que tengamos la misma disposición apacible que Su Hijo Jesús demostró en la tierra.

Muchos de nosotros creemos que si Jesús entrara a un recinto lleno de contienda y rivalidad, le tomaría sólo unos pocos minutos establecer la paz. Él tenía tal naturaleza de calma. Estaba revestido de humildad. No necesitaba probar ni demostrar nada. No se preocupaba por lo que la gente pensara de Él. Estaba bien consciente acerca de quién era, y no sentía la necesidad de defenderse a sí mismo. Aunque otros se enojaran contra Él y quisieran discutir con Él, su respuesta siempre fue pacífica y amorosa.

Ese es el tipo de disposición que Dios desea que usted y yo tengamos. Esa es la clase de lengua que Él quiere que tengamos en nuestras bocas, una lengua que exhorte, edifique y aliente dondequiera que vaya.

¿Somos así o más bien malhumorados y enojadizos? ¿Somos humildes, sencillos y agradables, u orgullosos, complicados y rígidos?

Mi esposo es una de las pocas personas que yo conozco con una verdadera disposición calmada y pacífica. Es tan descomplicado que me asombra. Puede estar a punto de tomar una siestita, pero si le pido que me compre algo en el supermercado, me responde: "Seguro que sí, cariño, iré de inmediato".

Si fuera yo, le puedo asegurar que mi reacción sería bastante diferente.

Con frecuencia las personas que poseen este tipo de disposición exhortan y animan. No importa lo que ocurra a su alrededor, o lo que otros estén diciendo o haciendo, ellos siempre parecen tener una palabra de aliento y de amabilidad para compartir con todo el mundo.

Así es como Dios espera que seamos. Para eso nos dio la boca, no para herir o despedazar a la gente, ni para criticar y condenar a quienes disientan de nosotros.

Como mensajeros de Dios, sus intérpretes y sus embajadores de paz, se espera de usted y de mí que no seamos ásperos ni duros, ni orgullosos, ni arrogantes, ni rígidos e inflexibles. Todo lo contrario, debemos ser pacíficos, calmados, amables, sencillos, humildes, moldeables y adaptables.

Para poder hacerlo, para ser como Dios desea; sus representantes en la tierra, tendremos que desechar nuestra vieja naturaleza y vestirnos de la nueva, es decir, la de Su amado Hijo Jesucristo.

Una nueva naturaleza

En cuanto a la pasada manera de vivir, despojaos del viejo hombre, que está corrompido por los deseos engañosos, renovaos en el espíritu de vuestra mente, y vestíos del nuevo hombre, creado según Dios en la justicia y santidad de la verdad.

—EFESIOS 4:22-24

En la versión Reina Valera Revisada la primera frase del versículo que acabamos de leer exhorta a *despojarse del viejo hombre, en cuanto a la pasada manera de vivir*...

Aunque la palabra griega *anastrofe* en este pasaje no se traduce como "conversación", en versiones más modernas, pues el significado de conversación ha variado, antes significaba comportamiento o conducta. Yo todavía creo que existe un vínculo vital entre nuestra conversación y nuestro comportamiento, pues ésta refleja y expresa nuestra naturaleza.

El Señor me ha revelado que nuestra naturaleza se ve a través de nuestra conversación, es decir, que nuestra manera de hablar revela el tipo de personas que somos.

Nuestra boca expresa nuestra naturaleza.

Si tenemos una disposición suave y dulce, nuestras palabras transmitirán esas cualidades durante las situaciones conflictivas.

¿No dice la Biblia que la blanda respuesta quita la ira? (Proverbios 15:1). Eso es cierto, si estamos dispuestos a dejar de lado nuestro orgullo y a permitirle al Espíritu Santo que obre a través de nosotros como Él quiera en cada situación.

Si estamos dispuestos a humillarnos delante del Señor con humildad y obediencia, tal como lo hizo Jesús, entonces la misma naturaleza que motivó sus palabras y sus acciones llegará a ser nuestra naturaleza trayendo calma y dulzura a nuestras vidas y a las de las personas con quienes establezcamos contacto. Jesús lo llamó tomar Su yugo sobre nosotros.

La naturaleza de Jesús

Venid a mí todos los que estáis trabajados y cargados, y yo os haré descansar.

Llevad mi yugo sobre vosotros y aprended de mí, que soy manso y humilde de corazón, y hallaréis descanso para vuestras almas, porque mi yugo es fácil y ligera mi carga.

—Mateo 11:28-30

Si vamos a mostrar la naturaleza de Jesús necesitamos conocerla.

Cada uno de nosotros tiene una naturaleza diferente. No hay dos personas exactamente iguales. Nuestra naturaleza también cambia a medida que pasamos por las diferentes experiencias y ciclos de la vida.

A través de los años he podido ver la diferencia entre mi naturaleza y la de mi esposo. Yo soy el tipo de persona que posee una naturaleza guerrera, por decirlo así. Las personas con mi disposición son difíciles de complacer. Nada les va bien. Tienen que agrandarlo todo. Tales personas no son muy felices.

Las personas más felices son las que toman todo con calma, se complacen y fácilmente se llevan bien con la gente, los que "fluyen con la marea", quienes se ajustan y se adaptan a las circunstancias. Tales personas generalmente traen paz en medio de la tempestad.

Debo admitir que durante los primeros 21 años de mi matrimonio, hasta que fui llena con el Espíritu Santo, mi esposo era mucho más feliz que yo. Luego comencé a alcanzarlo, porque ahora tengo en mí más de la Palabra de Dios. Pero aun cuando fui bautizada con el Espíritu Santo, no tuve un cambio de la noche a la mañana.

Los cambios reales no son rápidos ni fáciles.

¿Ha aprendido usted que si ha de cambiar necesita desear el cambio, y desearlo con tal intensidad que esté dispuesto a hacer un esfuerzo para lograrlo?

A algunas personas les gustaría tomar una pildorita o pronunciar unas palabras mágicas por la noche y despertar a la mañana siguiente totalmente diferentes, completamente transformadas. Pero los cambios no son ni ocurren de ese modo.

No existen santos hechos de la noche a la mañana, ni ministerios instantáneos.

Si usted y yo hemos de ser diferentes a lo que somos ahora, tendremos que soportar algo de sufrimiento. Tendremos que cooperar con el Señor mientras paso a paso nos lleva, hasta ajustarnos y conformarnos a su voluntad, transformándonos gradualmente a la imagen de su Hijo Jesús.

En el versículo 29 de este pasaje Jesús describe su naturaleza. Nos dice que es manso y humilde de corazón. Luego añade que si tomamos su yugo, su naturaleza, sobre nosotros, y aprendemos de Él, hallaremos descanso.

Cuando usted y yo empecemos a adoptar la bondad, la mansedumbre y la humildad que caracterizaron la vida de Jesús, encontraremos descanso para nuestras almas.

En el versículo 30 el Señor describe su yugo, su naturaleza, como buena, no áspera, ni dura, ni aguda, ni apabullante, sino confortable, graciosa y agradable.

Recuerde que si usted está bajo presión, esa presión no viene de Dios. Su yugo no es, como ya dije, áspero o duro, cortante, ni agudo ni apabullante, porque esa no es su naturaleza. Así no es el Señor, sino el diablo. Así trata el diablo a los que se someten a él.

Jesús tiene una disposición, talante o actitud, calmada y apacible. Por eso la Biblia dice que si queremos ser guiados por el Espíritu de Dios, debemos aprender a ser guiados por la paz (Colosenses 3:15). Si somos guiados por la paz, podemos estar seguros que somos guiados por Dios, porque Él es la paz que habita en nuestro interior.

Demasiados creyentes van de una reunión a otra buscando oír "una voz", procurando "una palabra" de Dios. Bajo la guía y la dirección del Espíritu Santo yo he dado palabras proféticas, de conocimiento y de sabiduría en nuestras reuniones. Eso es algo que a todo el mundo le gusta.

Pero cuando se trata de dejar a un lado la naturaleza carnal y ser transformados por el Espíritu según la naturaleza de Jesucristo, la historia es diferente. Ahí es donde los cristianos maduros son separados de los bebés en Cristo. Es ahí donde se revela quién quiere ser realmente serio con Dios, y quién no.

Es fácil seguir siendo como somos. Es fácil continuar siendo ásperos, duros, cortantes y apabulladores. Pero eso se roba nuestra paz y alegría.

> Debemos aprender que si alguna vez hemos de ser realmente felices, tendremos que ser como Jesús, asimilar su naturaleza en nosotros, así como el tomó la nuestra sobre sí.
>
> —HEBREOS 2:16

Nuestra actitud dura y áspera, o dulce y apacible, determina si somos verdaderos adoradores de Dios.

El aceite perfumado y santo de la unción

Continúo hablando Jehová a Moisés, y le dijo: Tomarás especias finas: de mirra excelente quinientos siclos, y de canela aromática la mitad, esto es, doscientos cincuenta; de cálamo aromático doscientos cincuenta; de casia quinientos, según el ciclo del santuario, y de aceite de olivas, un hin. Prepararás con ello el aceite de la santa unción; un ungüento superior, preparado según el arte del perfumista. Este será el aceite de la unción santa.

—Éxodo 30:22-25

¿Desea realmente la unción? ¿Quiere que la unción fluya de su vida? ¿Quiere ser saturado con la dulce fragancia del Espíritu de Dios?

Según lo dice la Biblia, hay un aroma espiritual que emana de nuestras vidas: *Porque somos dulce fragancia de Cristo* (la cual exhalamos) *para Dios* (que se aspira) *entre quienes son salvos y entre los que se pierden* (2 Corintios 2:15).

Estos detalles que vemos en el Antiguo Testamento, son muy relevantes para los aspectos prácticos del Nuevo Testamento.

Los ingredientes del aceite de la unción

Con él ungirás el Tabernáculo de reunión, el Arca del testimonio, la mesa con todos sus utensilios, el candelabro con todos sus utensilios, el altar del incienso, el altar del holocausto con todos sus utensilios, y la fuente con su base.

Así los consagrarás, y serán cosas santísimas; todo aquello que los toque será santificado.

> Ungirás también a Aarón y a sus hijos, y los consagrarás para que sean mis sacerdotes.
>
> —ÉXODO 30:26-30

Tenía entre mis posesiones un libro de Hanna Hurnard titulado *Mountain of Spices* (El monte de las especias).

Debido a que cuando leí este pasaje de Éxodo, me pregunté qué representarían todas esas especias, entonces miré en el libro de Hanna según la autora la mirra representa la mansedumbre. Como la fórmula para el aceite de la unción requería de 500 medidas de mirra, ¡eso representaba una gran cantidad de mansedumbre!

Como ya lo vimos, la mansedumbre es una de las características que Jesús mismo se atribuye.

La canela representa la bondad y el cálamo la gentileza.

Así que si usted y yo queremos la unción de Dios, tendremos que saturarnos con una mezcla de mansedumbre, bondad, gentileza y humildad.

Crezca en Cristo y en amor

> Pero también digo:
>
> Entre tanto que el heredero es niño, en nada difiere del esclavo, aunque es señor de todo, sino que está bajo tutores y administradores hasta el tiempo señalado por el padre.
>
> —GÁLATAS 4:1-2

También tendremos que crecer y madurar en Cristo para que podamos reclamar la plenitud de la herencia destinada para los hijos de Dios.

En el capítulo cuatro de su carta a los Gálatas, el apóstol Pablo nos dice que cuando un individuo menor de edad recibe una herencia, ésta es administrada por un tutor hasta cuando el heredero llegue a la mayoría de edad.

Romanos 8:17 dice que somos herederos de Dios y coherederos con Jesús, es decir, que usted y yo tenemos una herencia en Cristo. Pero el Espíritu Santo la puede retener hasta que crezcamos y dejemos de lado las cosas de niños.

Recibimos las bendiciones de Dios sólo cuando somos lo suficientemente maduros para administrarlas. Ejercer control sobre nuestras bocas es una manera de demostrar madurez.

Tal como lo vimos en Isaías 58:6-9 también tendremos que desatar las ligaduras de opresión y de maldad, liberar a los oprimidos y romper todo yugo. Debemos compartir nuestro pan con el hambriento, acoger al pobre en nuestras casas, cubrir al desnudo y no escondernos de quienes son carne y hueso de nosotros.

Lo que el Señor nos dice en este pasaje es que Él desea que tengamos la misma disposición madura que tuvo su Hijo Jesús; aquella que no es egoísta ni se enfoca en nosotros, sino que se interesa y cuida de los demás.

> Entonces, como Él mismo lo dijo: Se verá nuestra luz como el alba, nuestra sanidad y restauración, y el poder de una nueva vida florecerá en nosotros. Nuestra justicia, nuestra recta relación con el Señor, irá entonces delante de nosotros conduciéndonos en paz y prosperidad. Y la gloria del Señor será nuestra retaguardia. Y clamaremos a Él, y Él nos oirá.
>
> —Isaías 58:8-9

Cuando desechemos de nuestro medio el yugo y el dedo amenazador dirigido a los oprimidos, cuando dejemos de ser críticos y de juzgamos los unos a los otros, cuando descartemos toda forma de conversación falsa, áspera, injusta y maligna, entonces las bendiciones del Señor se manifestarán en nuestras vidas.

Seremos verdaderos adoradores, fragante aroma para el Señor.

Una fórmula para vivir en el Reino

…por medio de estas cosas nos ha dado preciosas y grandísimas promesas, para que por ellas lleguéis a ser participantes de la naturaleza divina, habiendo huido de la corrupción que hay en el mundo a causa de las pasiones.

Por esto mismo, poned toda diligencia en añadir a vuestra fe virtud; a la virtud, conocimiento; al conocimiento, dominio propio; al dominio propio, paciencia; a la paciencia, piedad; a la piedad, afecto fraternal; y al afecto fraternal, amor.

Si tenéis cosas y abundan en vosotros, no os dejarán estar ociosos ni sin fruto en cuanto al conocimiento de nuestro Señor Jesucristo.

—2 PEDRO 1:4-8

En este pasaje tenemos la fórmula bíblica para movernos de la carne a la naturaleza divina a fin de experimentar la verdadera vida del Reino.

Comenzamos nuestra relación con Dios en el atrio externo, luego pasamos al siguiente atrio, hasta finalmente entrar al Lugar Santísimo.

Comenzamos nuestra vida cristiana como bebés recién nacidos. Hacemos oraciones carnales. Leemos la Biblia de manera carnal. Vamos a la iglesia carnalmente. Pero Dios acepta ese tipo de adoración porque Él nos acepta donde estamos.

Pero después nos dice: "Es tiempo de pasar al atrio de más adentro". Parte de esa palabra Suya llega a través de mensajes sobre la santidad, diciéndonos que si bien antes nos permitía ciertas cosas, ya no nos las permitirá más.

Finalmente llega el día cuando nos dice: "Ahora es tiempo de pasar al Lugar Santísimo". Y para poder pasar allá toda nuestra vida debe ser puesta en el altar del Señor. No podemos reservarnos las cosas pequeñas que deseamos para nosotros mismos. Debemos rendir todo a Dios, convirtiéndonos así en verdaderos adoradores en espíritu y en verdad (Juan 4:23). Esto significa que debemos estar listos para vivir nuestra vida delante de Él tal como Él lo desea, confiando en que nos da la gracia para lograrlo (Filipenses 2:13).

Lo primero que nos dice en este pasaje es que debemos tomar las promesas de Dios con diligencia.

Muchas personas aún están estancadas en el principio. Nunca van más allá de las promesas de Dios. Como pasan toda su vida citándolas, pero jamás añaden diligencia o esfuerzo de su parte, nunca ven el cumplimiento de dichas promesas.

Si usted y yo vamos a crecer, a alcanzar la verdadera madurez cristiana, y a realizar el plan de Dios para nuestra vida, debemos determinar que finalizaremos el curso o la carrera que ha sido puesta delante de nosotros (2 Timoteo 4:7). Como vendrán situaciones que procurarán desalentarnos y hacernos claudicar, debemos tomar y mantener la determinación de ser diligentes.

Luego dice que agreguemos a nuestra diligencia fe, la cual a su vez desarrolla la virtud de la excelencia.

Llega un momento en nuestra vida cuando el Señor nos dice: "No puedes seguir siendo perezoso, mediocre e indisciplinado; debes ejercitar la excelencia, la determinación y la energía cristiana".

Entonces esa excelencia desarrolla conocimiento, y éste produce el dominio propio. Esto significa que ya no podemos hacer lo que deseamos, lo que nos dictan nuestros sentimientos, sino que debemos comprometernos, como lo estuvo Jesús, a hacer la voluntad del Padre.

Una vez que hemos desarrollado el dominio propio, éste nos lleva a la estabilidad, es decir, a la paciencia o la resistencia. La paciencia no es sólo la capacidad de esperar, es la capacidad de esperar con una buena actitud. De tal manera que mientras esperamos, aún nuestras vidas esparcen ese dulce aroma delante del Señor.

De acuerdo, es fácil exhalar ese aroma cuando las cosas marchan como esperamos. Pero es mucho más difícil cuando todo está en contra nuestra, cuando todos a nuestro alrededor están recibiendo respuesta a sus oraciones, mientras que las nuestras parecen rebotar en el techo. A veces parece que Dios fuera sordo, que por alguna razón que no podemos comprender se negara a escucharnos. Todos pasamos por esos momentos. La prueba consiste en qué clase de aroma o fragancia exhalamos en esos momentos.

Luego nuestra estabilidad, paciencia y resistencia, desarrolla lo que denominamos piedad. Es entonces cuando comenzamos a escuchar una oleada de mensajes sobre la santidad. ¿Por qué? Porque Dios enfatiza cada una de estas virtudes cristianas, una por una, de manera ordenada. Nos está llevando a un punto determinado. Nos está llevando hacia Él, haciéndonos aptos para estar en su santa presencia. Nos está preparando para utilizarnos en el gran avivamiento final.

Después de la piedad viene el *afecto fraternal,* como lo denomina la versión Reina Valera. Este tipo de afecto fraternal o bondad produce el verdadero *amor cristiano,* que es como la Amplified Bible (La Biblia Ampliada) traduce la palabra griega *agape,* refiriéndose al tipo de amor que Dios prodiga.

Vístanse de humildad

Igualmente... estad sujetos a los ancianos; y todos, sumisos unos a otros, revestíos de humildad; porque Dios resiste a los soberbios, y da gracia a los humildes.

—1 Pedro 5:5

Cuando comencé este estudio sobre la boca, el Señor me reveló, mediante esta fórmula, que yo estaba un poco atrás del amor ágape.

Al mirar hacia atrás, escrutando mi vida hasta ese punto, pude ver que el Señor me ha traído a través de cada una de estas etapas del crecimiento cristiano. Ahora me estaba diciendo que ya era el momento de hacer lo que Pedro dice: vestirme con la humildad de Cristo.

Creo que el Señor le está diciendo lo mismo a cada uno de nosotros en el Cuerpo de Cristo. Debemos ponernos la capa de la humildad, la mansedumbre, la bondad y la gentileza. Debemos usarla en el mundo donde es necesario actuar como Jesús, exhalando una dulce y placentera fragancia, y teniendo una personalidad apacible.

Después de que recibí este mensaje del Señor, estuve ministrando en una reunión. Al final del servicio se me acercó un hombre diciendo: "Yo siento que esto será sólo una confirmación, pero tengo una palabra del Señor para usted". Citó este pasaje de 2 de Pedro 1:4-9 y luego agregó: "El Señor dice que usted está en la etapa de la bondad, y después viene el Reino".

Ahora bien, tal como lo he advertido, soy muy cuidadosa en recibir palabras personales por medio de otros, pero en este caso no había manera de que fuera accidental. Esas palabras me animaron mucho porque entendí que eran una confirmación de lo que Dios ya me había mostrado.

Esté dispuesto a cambiar

Por tanto, nosotros todos, mirando con el rostro descubierto y reflejando como en un espejo la gloria del Señor, somos transformados de gloria en gloria en su misma imagen, por la acción del Espíritu del Señor.

—2 Corintios 3:18

El cambio que debe ocurrir en cada uno de nosotros no se produce por nuestro esfuerzo o por las buenas obras. Ocurre por conocer a Dios de manera personal e íntima.

En este capítulo final no le voy a decir siete cosas que debe hacer para crecer en el conocimiento del Señor. Le voy a decir cuál es su responsabilidad.

La confesión es buena. Hace que ocurran cosas en la vida del creyente, pero no cambia al hombre interior.

Ciertos programas de oración son buenos. Ayudan a desarrollar la disciplina espiritual, pero tampoco producen cambios en el ser interior.

La lectura de la Biblia, la asistencia a la iglesia y muchos otros ejercicios similares son buenos. Son actos que cada creyente debe practicar, pero no cambian al hombre interior.

Hay una sola manera de cambiar al ser interior, y es sentarse en la Presencia de Dios permitiéndole obrar internamente.

En este preciso instante la Iglesia del Señor se esfuerza y lucha procurando cambiar. Dios me ha revelado que Él apreciaría mucho si solamente lo contempláramos en su Palabra y le permitiéramos al Espíritu Santo transformarnos a su imagen.

Nosotros los Carismáticos hemos llegado a ser tan religiosos. ¡De hecho tenemos nuestra propia religión! Lo hemos planeado y programado todo en nuestra vida espiritual. Y no hay nada de malo en la disciplina y el orden, pero si planeamos y programamos dejando a Dios fuera de la escena, entonces tenemos un tremendo problema entre las manos.

Lo único que nos puede cambiar a usted y a mí es llegar ante la presencia de Dios confiando y esperando que Él haga en nosotros lo que nosotros no podemos hacer.

No le estoy desafiando a que vaya y procure ser bondadoso, humilde, amable o amoroso. Si ese es el mensaje que ha recibido de este libro, terminará frustrado.

Este mensaje no tiene como fin arrojar sobre usted condenación por lo que es, o por lo que ha sido. Su propósito es alentarle mediante lo que puede ser, si está dispuesto a someterse al Espíritu del Dios viviente.

El Señor está buscando personas que estén dispuestas a ser cambiadas de lo que ahora son, a lo que sólo Él puede lograr que sean. El primer paso en ese proceso generalmente implica un cambio en la manera de hablar. Fue una realidad en el caso de Abram y Saraí, quienes tuvieron que aprender a ser llamados con otros nombres. Lo fue para Moisés quien quiso excusarse porque no podía hablar con propiedad debido a problemas vocales. Fue una realidad para Isaías quien dijo que era un hombre de labios inmundos, y vivía en medio de un pueblo de labios inmundos. Fue cierto en el caso de Jeremías, quien adujo que era muy joven para ser vocero del Señor.

Y también será una realidad en su caso y en el mío. Si estamos dispuestos a ser cambiados, el Señor nos transformará y transfigurará, a Su manera y en Su tiempo, mientras nuestro ser interior mantiene la comunión con Él.

Cómo tener la experiencia
de la relación con el Señor

Para finalizar me gustaría compartir con usted las siguientes citas tomadas de un libro titulado: *Experiencing the Depths of Jesus Christ* (Experimentar las profundidades de Jesucristo):

Y allí en su espíritu mora el Señor. O, cuando usted haya aprendido a morar con Él, su divina presencia disolverá la dureza de su alma. Y cuando esa dureza se derrita, su alma exhalará preciosas fragancias.

Piense en ello por un momento. Dios mora en su espíritu. Pero usted tiene que aprender a morar allí con Él.

Llevar fruto no es el resultado de la asistencia a la iglesia, las vigilias de oración, la lectura de la Biblia, una confesión positiva, con todo lo buenos que pueden ser todos estos actos. Es el resultado de morar con el Señor y de permitirle morar en usted. Su divina presencia derrite la dureza de su alma, para que las dulces fragancias puedan emanar de ella.

¿Desea usted cambiar? ¿Quiere dejar de ser áspero, duro, cortante y sofocador? ¿Quiere ser humilde, manso, amable y bondadoso? ¿Quiere ser como Jesús? Entonces aprenda a tener comunión con Él, para que pueda desarrollar en usted una lengua y un espíritu apacibles.

Conclusión

Pero evita profanas y vanas palabrerías,
porque conducirán más y más a la impiedad.
—2 Timoteo 2:16

En este estudio he tratado de enfatizar la importancia de comprender cuántas bendiciones transmitimos, y cuánto daño hacemos también, con las palabras de nuestra boca.

Recuerde: las palabras tienen poder.

Por eso hay tantos pasajes en la Palabra de Dios que hablan del uso correcto e incorrecto de la boca (vea la siguiente lista de textos bíblicos).

Para ilustrar los numerosos versículos y hacer más claras las lecciones que he aprendido en mi vida personal y en el ministerio, sobre este tema, he compartido varias experiencias personales. También he dado ejemplos de algunas de las confesiones o declaraciones positivas que yo utilizo para aplicar la Palabra de Dios en las muchas situaciones de la vida que todos nosotros encontramos en nuestro caminar cristiano.

Mi sincera oración es que todo esto le ayude en su esfuerzo personal por controlar sus palabras y cambiar así su vida y sus circunstancias, por su bien y el de todas las personas con quienes entra en contacto diario.

Evite toda charla vacía, ociosa, vana e inútil, y en cambio aprenda a hablar como Dios lo hace. Es la Palabra de Dios hablada en verdad y en amor por sus labios la que volverá a Él después de haber realizado Su voluntad y Su propósito.

Pero para hablar esa Palabra en verdad y en amor, su corazón tiene que ser recto delante del Señor, porque de la abundancia del corazón habla la boca, para bien o para mal.

Usted es atado por sus palabras, por sus declaraciones. Y también es juzgado por ellas.

Watchman Nee dijo una vez: "Si usted escucha a una persona puede detectar el espíritu que fluye de ella por sus palabras".

Por eso es tan importante poner guardia a sus labios, como dice la Escritura, para que al hablar no sólo pronuncien la verdad, sino también palabras amables, positivas y edificantes, que estén de acuerdo con la voluntad de Dios.

Usted puede cambiar sus acciones y su comportamiento, pero para lograrlo primero tienen que cambiar sus pensamientos y sus palabras, con la ayuda del Espíritu Santo de Dios.

La actitud determina el curso de acción.

Si en realidad usted quiere que su vida sea totalmente diferente, sométase al Señor con humildad y pídale que le transforme a la imagen y naturaleza de su Hijo Cristo Jesús.

Él lo está haciendo conmigo, y si lo puede hacer para mí, también puede hacerlo, y lo hará, para usted.

¡Dios le bendiga!

Pasajes bíblicos que hablan de la boca

Todos ofendemos muchas veces. Si alguno no ofende de palabra, es una persona perfecta, capaz también de refrenar todo el cuerpo.

He aquí nosotros ponemos freno en la boca de los caballos para que nos obedezcan y dirigimos así todo su cuerpo.

Mirad también las naves: aunque tan grandes y llevadas de impetuosos vientos, son gobernadas con un muy pequeño timón por donde el que las gobierna quiere.

Así también la lengua es un miembro pequeño, pero se jacta de grandes cosas. He aquí, ¡cuán grande bosque enciende un pequeño fuego!

Y la lengua es un fuego, un mundo de maldad. La lengua está puesta entre nuestros miembros, y contamina todo el cuerpo, e inflama la rueda de la creación, y ella misma es inflamada por el infierno.

Toda naturaleza de bestias, de aves, de serpientes y de seres del mar, se doma y ha sido domada por la naturaleza humana; pero ningún hombre puede domar la lengua, que es un mal que no puede ser refrenado, llena de veneno mortal.

Con ella bendecimos al Dios y Padre y con ella maldecimos a los hombres, que están hechos a la semejanza de Dios.

De una misma boca proceden bendición y maldición. Hermanos míos, esto no debe ser así.

¿Acaso alguna fuente echa por una misma abertura agua dulce y amarga?

Hermanos míos, ¿puede acaso la higuera producir aceitunas, o la vid higos? Del mismo modo, ninguna fuente puede dar agua salada y dulce (Santiago 3:12).

Si alguno se cree religioso entre vosotros, pero no refrena su lengua, sino que engaña su corazón, la religión del tal es vana (Santiago 1:26).

Así también vosotros consideraos muertos al pecado, pero vivos para Dios en Cristo Jesús, Señor nuestro.

No reine, pues, el pecado en vuestro cuerpo mortal, de modo que lo obedezcáis en sus apetitos; ni tampoco presentéis vuestros miembros al pecado como instrumentos de iniquidad, sino presentaos vosotros mismos a Dios como vivos de entre los muertos, y vuestros miembros a Dios como instrumentos de justicia (Romanos 6:11-13).

…como está escrito: "Te he puesto por padre de muchas naciones». Y lo es delante de Dios, a quien creyó, el cual da vida a los muertos y llama las cosas que no son como si fueran (Romanos 4:17).

Por la palabra de Jehová fueron hechos los cielos; y todo el ejército de ellos, por el aliento de su boca (Salmo 33:6).

Dijo Dios: "Sea la luz». Y fue la luz (Génesis 1:3).

Del fruto de la boca del hombre se llena su vientre; se sacia del producto de sus labios.

La muerte y la vida están en poder de la lengua; el que la ama, comerá de sus frutos (Proverbios 18:20-21).

No lo que entra por la boca contamina al hombre; pero lo que sale de la boca, esto contamina al hombre (Mateo 15:11).

¿No entendéis que todo lo que entra en la boca va al vientre, y es echado en la letrina?

Pero lo que sale de la boca, del corazón sale; y esto contamina al hombre, porque del corazón salen los malos pensamientos, los homicidios, los adulterios, las fornicaciones, los hurtos, los falsos testimonios, las blasfemias.

Estas cosas son las que contaminan al hombre; pero el comer con las manos sin lavar no contamina al hombre (Mateo 15:17-20).

Sea vuestra palabra siempre con gracia, sazonada con sal, para que sepáis cómo debéis responder a cada uno (Colosenses 4:6).

…el que sacia de bien tu boca de modo que te rejuvenezcas como el águila (Salmo 103:5).

Produciré fruto de labios: Paz, paz al que está lejos y para el que está cerca, dice Jehová "Yo lo sanaré» (Isaías 57:19).

El malvado se enreda en la prevaricación de sus labios, pero el justo sale con bien de la tribulación.

El hombre se sacia con el bien del fruto de su boca, y recibe el pago que merece la obra de sus manos (Proverbios 12:13-14).

Si el árbol es bueno, su fruto es bueno, si el árbol es malo, su fruto es malo, porque por el fruto se conoce el árbol.

¡Generación de víboras! ¿Cómo podéis hablar lo bueno, siendo malos?, porque de la abundancia del corazón habla la boca (Mateo 12:33-34).

Cesa, hijo mío, de prestar oído a enseñanzas que te hacen divagar de la sabiduría (Proverbios 19: 27).

Pero yo os digo que de toda palabra ociosa que hablen los hombres, de ella darán cuenta en el día del juicio (Mateo 12:36).

...cierra los ojos para pensar perversidades, mueve los labios, comete el mal (Proverbios 16:30).

Del fruto de su boca el hombre comerá el bien, pero el alma de los prevaricadores hallará el mal.

El que guarda su boca guarda su vida, pero el que mucho abre sus labios acaba en desastre (Proverbios 13:2-3).

El que guarda su boca y su lengua, su vida guarda de angustias (Proverbios 21:23).

La palabra de Dios es viva, eficaz y más cortante que toda espada de dos filos: penetra hasta partir el alma y el espíritu, las coyunturas y los tuétanos, y discierne los pensamientos y las intenciones del corazón (Hebreos 4:12).

El hombre se alegra con la respuesta de su boca; y la palabra a su tiempo, ¡cuán buena es! (Proverbios 15:23).

Ninguna palabra corrompida salga de vuestra boca, sino la que sea buena para la necesaria edificación, a fin de dar gracia a los oyentes.

Y no entristezcáis al Espíritu Santo de Dios, con el cual fuisteis sellados para el día de la redención.

Quítense de vosotros toda amargura, enojo, ira, gritería, maledicencia y toda malicia.

Antes sed bondadosos unos con otros, misericordiosos, perdonándoos unos a otros, como Dios también os perdonó a vosotros en Cristo (Efesios 4:29-32).

Jehová, ¿quién habitará en tu Tabernáculo?, ¿quién morará en tu monte santo?

El que anda en integridad y hace justicia; el que habla verdad en su corazón; el que no calumnia con su lengua ni hace mal a su prójimo ni admite reproche alguno contra su vecino (Salmo 15:1-3).

Entonces dije: "¡Ay de mí que soy muerto!, porque siendo hombre inmundo de labios y habitando en medio de pueblo que tiene labios inmundos, han visto mis ojos al Rey, Jehová de los ejércitos».

Y voló hacia mí uno de los serafines, trayendo en su mano un carbón encendido, tomado del altar con unas tenazas. Tocando con él sobre mi boca, dijo:

—He aquí que esto tocó tus labios, y es quitada tu culpa y limpio tu pecado (Isaías 6:5-7).

Pon guarda a mi boca, Jehová, guarda la puerta de mis labios (Salmo 141:3).

¡Sean gratos los dichos de mi boca y la meditación de mi corazón delante de ti, Jehová, roca mía y redentor mío! (Salmo 19:14).

Hijo mío, está atento a mis palabras; inclina tu oído a mis razones.

Que no se aparten de tus ojos; guárdalas en lo profundo de tu corazón, porque son vida para los que las hallan y medicina para todo su cuerpo.

Sobre toda cosa que guardes, guarda tu corazón, porque de él mana la vida.

Aparta de ti la perversidad de la boca, aleja de ti la iniquidad de los labios (Proverbios 4:20-24).

Tampoco digas palabras deshonestas, ni necedades, ni groserías que no convienen, sino antes bien acciones de gracias (Efesios 5:4).

La respuesta suave aplaca la ira, pero la palabra áspera hace subir el furor.

La lengua de los sabios adorna la sabiduría, pero la boca de los necios dice sandeces.

Los ojos de Jehová están en todo lugar, mirando a los malos y a los buenos (Proverbios 15:1-4).

La congoja abate el corazón del hombre; la buena palabra lo alegra (Proverbios 12:25).

...que prediques la palabra y que instes a tiempo y fuera de tiempo. Redarguye, reprende, exhorta con toda paciencia y doctrina...(2 Timoteo 4:2).

Y les dijo: —Id por todo el mundo y predicad el evangelio a toda criatura (Marcos 16:15).

En las muchas palabras no falta el pecado; el que refrena sus labios es prudente (Proverbios 10:19).

Angustiado él, y afligido, no abrió su boca; como un cordero fue llevado al matadero; como oveja delante de sus trasquiladores, enmudeció, no abrió su boca (Isaías 53:7).

Escuchad, porque voy a decir cosas excelentes, voy a abrir mis labios para cosas rectas.

Porque mi boca dice la verdad, y mis labios abominan la impiedad.

Justas son todas las razones de mi boca: nada hay en ellas perverso ni torcido (Proverbios 8:6-8).

...porque yo os daré palabra y sabiduría, la cual no podrán resistir ni contradecir todos los que se opongan (Lucas 21:15).

El que ahorra palabras tiene sabiduría; prudente de espíritu es el hombre inteligente.

Aun el necio, cuando calla, es tenido por sabio; el que cierra sus labios es inteligente (Proverbios 17:27-28).

Seis cosas aborrece Jehová, y aun siete le son abominables: los ojos altivos, la lengua mentirosa, las manos que derraman sangre inocente, el corazón que maquina pensamientos inicuos, los pies que corren presurosos al mal, el testigo falso que dice mentiras, y el que siembra discordia entre sus hermanos (Proverbios 6:16-19).

El hipócrita, con la boca daña a su prójimo, pero los justos se libran con la sabiduría.

Con el bien de los justos se alegra la ciudad; pero cuando los malvados perecen, se hace fiesta.

Por la bendición de los rectos la ciudad es engrandecida, pero por la boca de los malvados es trastornada.

El que carece de entendimiento menosprecia a su prójimo, pero el hombre prudente calla.

El que anda con chismes revela el secreto; el de espíritu fiel lo guarda íntegro (Proverbios 11:9-13).

La boca del justo habla sabiduría y su lengua habla justicia (Salmo 37: 30).

Pero ahora dejad también vosotros todas estas cosas: ira, enojo, malicia, blasfemia, palabras deshonestas de vuestra boca.

No mintáis los unos a los otros, habiéndoos despojado del viejo hombre con sus hechos y revestido del nuevo. Éste, conforme a la imagen del que lo creó, se va renovando hasta el conocimiento pleno... (Colosenses 3:8-10).

Dios no es hombre, para que mienta, ni hijo de hombre para que se arrepienta.

¿Acaso dice y no hace?

¿Acaso promete y no cumple? (Números 23:19).

Pero cuando venga el Espíritu de verdad, él os guiará a toda la verdad, porque no hablará por su propia cuenta, sino que hablará todo lo que oyere y os hará saber las cosas que habrán de venir (Juan 16: 13).

Vosotros sois de vuestro padre el diablo, y los deseos de vuestro padre queréis hacer. Él ha sido homicida desde el principio y no ha permanecido en la verdad, porque no hay verdad en él. Cuando habla mentira, de suyo habla, pues es mentiroso y padre de mentira (Juan 8: 44).

Pero los cobardes e incrédulos, los abominables y homicidas, los fornicarios y hechiceros, los idólatras y todos los mentirosos tendrán su parte en el lago que arde con fuego y azufre, que es la muerte segunda (Apocalipsis 21:8).

Por eso, desechando la mentira, hablad verdad cada uno con su prójimo, porque somos miembros los unos de los otros.

Airaos, pero no pequéis; no se ponga el sol sobre vuestro enojo, ni deis lugar al diablo (Efesios 4:25-27).

…sino que, siguiendo la verdad en amor, crezcamos en todo en aquel que es la cabeza, esto es, Cristo…(Efesios 4:15).

Los labios mentirosos son abominación para Jehová, pero le complacen quienes actúan con verdad (Proverbios 12:22).

El hombre que lisonjea a su prójimo, le tiende una red delante de sus pasos (Proverbios 29:5).

No dirás contra tu prójimo falso testimonio (Éxodo 20:16).

Estas son las cosas que habéis de hacer: Hablad verdad cada cual con su prójimo; juzgad según la verdad y lo conducente a la paz en vuestras puertas (Zacarías 8:16).

El que dice la verdad proclama justicia, pero el testigo falso, engaño.

Hay hombres cuyas palabras son como golpes de espada, pero la lengua de los sabios es medicina.

El labio veraz permanecerá para siempre; la lengua mentirosa, solo por un momento (Proverbios 12:17-19).

Si yo hablara lenguas humanas y angélicas, y no tengo amor, vengo a ser como metal que resuena o címbalo que retiñe.

Y si tuviera profecía, y entendiera todos los misterios y todo conocimiento, y si tuviera toda la fe, de tal manera que trasladara los montes, y no tengo amor, nada soy.

Y si repartiera todos mis bienes para dar de comer a los pobres, y si entregara mi cuerpo para ser quemado, y no tengo amor, de nada me sirve (1 Corintios 13:1-3).

Gozaos y alegraos, porque vuestra recompensa es grande en los cielos, pues así persiguieron a los profetas que vivieron antes de vosotros (Mateo 5:12).

En fin, sed todos de un mismo sentir, compasivos, amándoos fraternalmente, misericordiosos, amigables. No devolváis mal por mal, ni maldición por maldición, sino por el contrario, bendiciendo, sabiendo que fuisteis llamados a heredar bendición, porque: "El que quiere amar la vida y ver días buenos, refrene su lengua de mal y sus labios no hablen engaño...(1 Pedro 3:8-10).

En cuanto a los que por todas partes me rodean, la maldad de sus propios labios cubrirá su cabeza (Salmo 140:9).

Sus propias lenguas los harán caer. Se espantarán todos los que los vean (Salmo 64:8).

Ninguna arma forjada contra ti, prosperará, y tú condenarás toda lengua que se levante contra ti en juicio. Esta es la herencia de los siervos de Jehová: su salvación de mí vendrá, dice Jehová (Isaías 54:17).

Dad gracias en todo, porque esta es la voluntad de Dios para con vosotros en Cristo Jesús (1 Tesalonicenses 5:18).

Así que, ofrezcamos siempre a Dios, por medio de él, sacrificio de alabanza, es decir, fruto de labios que confiesan su nombre (Hebreos 13:15).

Bendeciré a Jehová en todo tiempo; su alabanza estará de continuo en mi boca (Salmo 34:1).

¡A la ley y al testimonio! Si no dicen conforme a esto, es porque no les ha amanecido (Isaías 8:20).

De cierto os digo que cualquiera que diga a este monte: "Quítate y arrójate en el mar", y no duda en su corazón, sino que cree que será hecho lo que dice, lo que diga le será hecho (Marcos 11:23).

Entonces Jesús fue llevado por el Espíritu al desierto para ser tentado por el diablo.

Después de haber ayunado cuarenta días y cuarenta noches, sintió hambre.

Se le acercó el tentador y le dijo: —Si eres Hijo de Dios, di que estas piedras se conviertan en pan. Él respondió y dijo: —Escrito está "No solo de pan vivirá el hombre, sino de toda palabra que sale de la boca de Dios".

Entonces el diablo le llevó a la santa ciudad, lo puso sobre el pináculo del Templo y le dijo: —Si eres Hijo de Dios, tírate, pues escrito está: "A sus ángeles mandará acerca de ti, y en sus manos te sostendrán, para que no tropieces con tu pie en piedra".

Jesús le dijo: —Escrito está también: "No tentarás al Señor tu Dios".

Otra vez lo llevó el diablo a un monte muy alto y le mostró todos los reinos del mundo y la gloria de ellos, y le dijo:- Todo esto te daré, si postrado me adoras.

Entonces Jesús le dijo: —Vete, Satanás, porque escrito está: "Al Señor tu Dios adorarás, y solo a Él servirás".

El diablo entonces lo dejó, y vinieron ángeles y lo servían (Mateo 4:1-11).

Sed, pues, imitadores de Dios como hijos amados (Efesios 5:1).

Forjad espadas de vuestros azadones, lanzas de vuestras hoces y diga el débil: "¡Fuerte soy!" (Joel 3:10).

Me dijo Jehová: "Bien has visto, porque yo vigilo sobre mi palabra para ponerla por obra» (Jeremías 1:12).

Para siempre, Jehová, permanece tu palabra en los cielos (Salmo 119:89).

Me postraré hacia tu santo Templo y alabaré tu nombre por tu misericordia y tu fidelidad, porque has engrandecido tu nombre y tu palabra sobre todas las cosas (Salmo 138:2).

Él, que es el resplandor de su gloria, la imagen misma de su sustancia y quien sustenta todas las cosas con la palabra de su poder, habiendo efectuado la purificación de nuestros pecados por medio de sí mismo, se sentó a la diestra de la Majestad en las alturas...(Hebreos 1:3).

Por la fe entendemos que el universo fue hecho por la palabra De Dios, de modo que lo que se ve fue hecho de lo que no se veía (Hebreos 11:3).

En el principio era el Verbo, el Verbo estaba con Dios y el Verbo era Dios (Juan 1:1).

Y el verbo se hizo carne y habitó entre nosotros lleno de gracia y de verdad; y vimos su gloria, gloria como del unigénito del Padre (Juan 1:14).

Pero ¿qué dice?: "Cerca de ti está la palabra, en tu boca y en tu corazón». Esta es la palabra de fe que predicamos: Si confiesas con tu boca que Jesús es el Señor y crees en tu corazón que Dios le levantó de entre los muertos, serás salvo, porque con el corazón se cree para justicia, pero con la boca se confiesa para salvación (Romanos 10:8-10).

...y conoceréis la verdad y la verdad os hará libres (Juan 8:32).

Porque este mandamiento que yo te ordeno hoy no es demasiado difícil para ti, ni está lejos de ti.

No está en el cielo, para que digas: "¿Quién subirá por nosotros al cielo y nos lo traerá y nos lo hará oír, para que lo cumplamos?"

Ni está al otro lado del mar, para que digas: "¿Quién pasará por nosotros el mar, para que nos lo traiga y nos lo haga oír, a fin de que lo cumplamos?"

Pues muy cerca de ti está la palabra, en tu boca y en tu corazón, para que la cumplas (Deuteronomio 30:11-14).

Desechad, pues, toda malicia, todo engaño, hipocresía, envidias y toda maledicencia, y desead, como niños recién nacidos, la leche espiritual no adulterada, para que por ella crezcáis para salvación...(1 Pedro 2:1-2).

Y ahora, hermanos, os encomiendo a Dios y a la palabra de su gracia, que tiene poder para sobreedificaras y daros herencia con todos los santificados (Hechos 20:32).

Así que la fe es por el oír, y el oír, por la palabra de Dios (Romanos 10:17).

...así será mi palabra que sale de mi boca: no volverá a mí vacía, sino que hará lo que yo quiero y será prosperada en aquello para lo cual la envié (Isaías 55:11).

Ellos, saliendo, predicaron en todas partes, ayudándoles el Señor y confirmando la palabra con las señales que la acompañaban. Amén (Marcos 16:20).

Pero teniendo el mismo espíritu de fe, conforme a lo que está escrito: "Creí, por lo cual hablé», nosotros también creemos, por lo cual también hablamos (2 Corintios 4:13).

Jehová Dios formó, pues, de la tierra toda bestia del campo y toda ave de los cielos, y las trajo a Adán para que viera cómo las había de llamar; y el nombre que Adán dio a los seres vivientes, ese es su nombre (Génesis 2:19).

Ahora, pues, ve, que yo estaré en tu boca y te enseñaré lo que has de hablar (Éxodo 4:12).

Yo soy el que despierta la palabra de su siervo y lleva a cabo el plan de sus mensajeros; el que dice a Jerusalén: "Serás habitada", y a las ciudades de Judá: "Serán reconstruidas y reedificaré sus ruinas" (Isaías 44:26).

¿No crees que yo soy en el Padre y el Padre en mí? Las palabras que yo os hablo, no las hablo por mi propia cuenta, sino que el Padre, que vive en mí, él hace las obras (Juan 14:10).

¿No es mi palabra como un fuego, dice Jehová, y como un martillo que quebranta la piedra? (Jeremías 23:29).

El cielo y la tierra pasarán, pero mis palabras no pasarán (Lucas 21:33).

...pues por tus palabras serás justificado, y por tus palabras serás condenado (Mateo 12:37).

Los labios del justo sustentan a muchos, pero los necios mueren por falta de entendimiento (Proverbios 10:21).

Nunca se apartará de tu boca este libro de la Ley, sino que de día y de noche meditarás en él, para que guardes y hagas conforme a todo lo que está escrito en él, porque entonces harás prosperar tu camino y todo te saldrá bien (Josué 1:8).

No multipliquéis palabras de orgullo y altanería; cesen las palabras arrogantes de vuestra boca, porque Jehová es el Dios que todo lo sabe y a él toca el pesar las acciones (1 Samuel 2:3).

Jehová destruirá todos los labios aduladores, y la lengua que habla con jactancia (Salmo 12:3).

Guarda tu lengua del mal y tus labios de hablar engaño (Salmo 34: 13).

Tú has probado mi corazón, me has visitado de noche; me has puesto a prueba y nada malo hallaste. He resuelto que mi boca no cometa delito (Salmo 17:3).

…hazme entender el camino de tus mandamientos, para que medite en tus maravillas (Salmo 119:27).

…te has enredado con las palabras de tu boca y has quedado atrapado en los dichos de tus labios (Proverbios 6:2).

El hombre malo, el hombre depravado, es el que anda en perversidad de boca…(Proverbios 6:12).

Gócense y alégrense en ti todos los que te buscan, y digan siempre los que aman tu salvación: "¡Jehová sea enaltecido!» (Salmo 40:16).

Como de médula y de grosura será saciada mi alma, y con labios de júbilo te alabará mi boca, cuando me acuerde de ti en mi lecho, cuando medite en ti en las vigilias de la noche…(Salmo 63:5-6).

Los labios justos complacen los reyes; estos aman al que habla con rectitud (Proverbios 16:13).

El perverso de corazón nunca hallará el bien; y el que intriga con su lengua caerá en el mal (Proverbios 17:20).

Al que responde sin haber escuchado, la palabra le es fatuidad y vergüenza (Proverbios 18:13).

Alábate el extraño y no tu propia boca; el ajeno, y no los labios tuyos (Proverbios 27:2).

El necio da rienda suelta a toda su ira, pero el sabio, al fin, la apacigua (Proverbios 29:11).

¿Has visto un hombre ligero en sus palabras? Pues más puede esperarse de un necio que de él (Proverbios 29:20).

Todo tiene su tiempo, y todo lo que se quiere debajo del cielo tiene su hora:... tiempo de callar y tiempo de hablar... (Eclesiastés 3:1, 7).

Porque arruinada está Jerusalén y Judá ha caído; pues la lengua de ellos y sus obras han sido contra Jehová para desafiar la faz de su gloria (Isaías 3:8).

Entonces invocarás, y te oirá Jehová; clamarás, y dirá él: "Heme aquí". Si quitas de en medio de ti el yugo, el dedo amenazador y el hablar vanidad... (Isaías 58:9).

Pero sea vuestro hablar: "Sí—, sí—" o "No, no", porque lo que es más de esto, de mal procede (Mateo 5:37).

Y ahora, por cuanto no creíste mis palabras, las cuales se cumplirán a su tiempo, quedarás mudo y no podrás hablar hasta el día en que esto suceda (Lucas 1:20).

Por lo cual mi corazón se alegró y se gozó mi lengua, y aun mi carne descansará en esperanza... (Hechos 2:26).

Haced todo sin murmuraciones ni discusiones (Filipenses 2:14).

Y todo lo que hacéis, sea de palabra o de hecho, hacedlo todo en el nombre del Señor Jesús, dando gracias a Dios Padre por medio de él (Colosenses 3:17).

Procurad tener tranquilidad, ocupándoos en vuestros negocios y trabajando con vuestras manos de la manera que os hemos mandado...(1 Tesalonicenses 4:11).

Por lo cual, animaos unos a otros y edificaos unos a otros, así como lo estáis haciendo (1 Tesalonicenses 5:11).

Por tanto, teniendo un gran sumo sacerdote que traspasó los cielos, Jesús el Hijo de Dios, retengamos nuestra profesión (Hebreos 4:14).

Por esto, mis amados hermanos, todo hombre sea pronto para oír, tardo para hablar, tardo para airarse...(Santiago 1:19).

Hermanos, no murmuréis los unos de los otros. El que murmura del hermano y juzga a su hermano, murmura de la Ley y juzga a la Ley; pero si tú juzgas a la Ley, no eres hacedor de la Ley, sino juez (Santiago 4:11).

Ellos lo han vencido por medio de la sangre del Cordero y de la palabra del testimonio de ellos, que menospreciaron sus vidas hasta la muerte (Apocalipsis 12:11).

JOYCE MEYER

Te invitamos a que visites nuestra página web, donde podrás apreciar la pasión por la publicación de libros y Biblias:

www.casacreacion.com

Para vivir la Palabra